連結天使之光

與天使一起工作，治癒身心、創造魔法、顯化奇蹟

Angelic Lightwork

Magic & Manifestation with the Angels

阿蓮娜．菲雀爾德 著
Alana Fairchild

許可欣 譯

獻給那些期望治癒
並為我們的星球做出積極貢獻的美麗心靈

目次

List of Practices

Angelic Lightwork

練習清單

Introduction

Angelic Lightwork

序言

你的心知道如何吸引天使能量，並與之連結。透過你與天使的心靈連結，你可以創造魔法、療癒、愛與光。

天使之光（Angelic Lightwork）是一種美麗的療癒方式，能為你和你的生活帶來令人振奮的改變，為我們的世界帶來更多正向能量。這一切的發生，需要你有意識地與自己的心靈連結、打開心扉迎接天使，並完成正面且神聖的光之療癒工作。光之療癒對每個人來說都是治癒和有益的。這是練習運用特定詞語、意圖、觀想和動作來實現你的夢想，喚醒正向能量。天使之光療癒的練習，能讓你與天使的良善、恩典和力量相連結。

天使是光之領域與物質世界之間的靈性橋樑。當我們與天使合作，可以體驗到美麗、慈愛的能量，並提升我們的顯化能力。天使將協助你療癒，依你的祈願改善你的生活，同時成為我們世界中的一道光芒。

有時候，我們在生活中吸引和顯化了一些事物，但並非以我們所預期的形式展現。我們曾經認為自己想要和需要某些東西，後來卻發現這對我們來說並不是最好的選擇；就好像花了力氣，卻爬錯了山。天使幫助我們在選擇上變得更明智，祂協助我們校準內心，找到真正的人生道路和目標。透過與天使連結，我們被引導走上人生中最美好且最充滿喜悅的道路。

這本書開啟了通往強大的「天使之光療癒」的路徑，即使是完全的初學者，也能與天使建立連結，喚醒內在的療癒管道，並學會以天使充滿愛的靈性能量，轉化自己的生活。本書將教導你如何透過內在的靈性力量與天使建立連結，你將了解如何有意識地引導天使能量，從而按照你希望的方式改善生活。你也將學到不同類型的天使如何幫助你，以及如何運用天使的能量吸引並實現你所想要的以及你所需要的，從而提高個人的喜悅和幸福感。

本書也將開啟你與天使建立有意識關係的旅程。內容從探索天使的真實本質開始，祂們的樣貌、與人類有何不同、如何與人類建立連結並提供幫助，還有與天使連結時的感受。天使存在於許多文化傳統中，我們將探索天使在世界各地「出現」之處，而天使希望幫助一切眾生，無論他們是否信奉某種宗教。我喜歡以非常實用的方式討論靈性，並讓它與日常生活相關，因此我們還會探討與天使連結可能會有什麼徵兆。我還會提供一些真實例子，好說明天使如何向你傳達訊息。

當我們探索不同類型的天使時，我們也將學習來自這些天使的一些靈性教導——例如熾天使（seraphim），教導我們運用聲音創造生活中想要的能量；智天使（cherubim）則教導我們，即使無法總是理解事情的緣由，仍然可以相信宇宙。座天使（throne）教導我們關於宇宙的更高智慧，此種智慧使萬物持續運轉，並在可怕的事件似乎接踵而來時，給予我們希望。主天使（dominion）教導我們不要過於相信世界的表象，要相信靈性的力量能創造療癒，即使這療癒在人類的觀點下似乎不合邏輯或不可能。力天使（virtue）教導我們如何找到勇氣；能天使（powers）則指導我們如何跨越生活中的門檻，智慧地應對負面能量。而權天使（principalities）幫助我們學習如何成為家庭和社會群體中靈性成熟的守護者和領導者。

還有另外兩種天使：大天使（archangel）和天使。這兩種天使對人類事務非常感興趣，會以多種方式幫助我們。我們將會認識這兩類天使中最知名且最有幫助的十三位天使，並學習祂們能協助我們的具體方式。這十三位天使都能為每個人的生活帶來特殊的教導和禮物。例如天使巴拉基勒（Barachiel）幫助我們從活在無休止的掙扎之中，轉變為輕鬆自在地生活；天使耶胡迪爾（Jeghudiel）幫助我們發現自己的人生道路，也協助我們實現它；天使拉貴爾（Raguel）幫助我們信任業力果報將在某些看似不公正的情況下發揮作用；天使卡麥爾（Camael）則協助我們找到內在的強悍，使我們勇敢和果斷。

等我們認識了那些天使，就要學習一般的練習方法，用以和任何天使建立連結，包括你自己的守護天使。（是的，你擁有守護天使！）從用你的聲音說出天使的名字，到與天使對話（或祈禱），或是寫信、創造神聖空間和聖壇，你會在探索如何與這些慈愛且強大的靈性存有互動的過程中，感到樂趣。

我在此提供指引，讓你能探索自身與生俱來的內在療癒能力，好為自己和他人進行直覺水晶療癒（intuitive crystal healing）。你也可以在天使的幫助下，學習如何向需要的人或地方傳送遠距療癒。

第一部分的神聖練習，是為了向被譽為天使女王（Queen of Angels）的聖母馬利亞

（Mother Mary）致敬。此種練習不分教派，任何人都可以完成。聖母馬利亞對所有尋求祂幫助的心靈來說，是美麗且具保護性的神聖母親，祂可以讓我們與天使間的聯繫變得更加強大，並透過祂的神聖女性（divine feminine）祝福，提供保護、協助和指引，在生活的風暴中給予我們靈性的庇護。

在本書的第二部分，我們將探索魔法和顯化，以及四位在多個靈性和宗教傳統中被認可的大天使：麥可（Michael）、拉斐爾（Raphael）、烏列爾（Uriel）和加百列（Gabriel）。我只傳授唯一一種魔法，也就是白魔法（white magic）。白魔法是光之工作的形式之一，這是一種神聖的實踐，它運用光、意圖和行動來創造期望的結果，你個人能因此受益，也能為所有需要協助的心靈帶來靈性的益處。白魔法幫助我們在聆聽內心、創造生活中喜樂的同時，也能獲得靈性成長並實現我們的神聖潛能。白魔法的光之工作是一條美麗的靈性道路，能帶來療癒和幸福。這項技巧的實踐，增加了我與宇宙、充滿愛的神聖靈性存有間的意識連結，也帶給我及我的個案許多祝福。我非常高興能在本書中與你分享。

你將學習如何建立一個神聖的空間，以及如何為魔法工作準備你的能量場。我將分享一種名為「靈性扮裝」（spiritually dressed）的能量練習，你可以在日常生活中使用，以保護你的能量場，使外界能量不會對你的情緒和心態產生負面影響。書中也會指導你學習簡單的魔法練習，例如劃定神聖空間的光環；運用你聲音的力量，以召喚充滿愛的神聖天使能量；提升能量，以為你的顯化魔法製造「靈性活力」（spiritual juice）；以及如何透過祈禱和意圖來導引你的能量。你還會學到如何建立最有效的態度，以獲得最佳的結果。

書中包含四十四個具體的魔法練習，和四位主要的大天使合作。這些練習涵蓋各類日常問題，包括征服壞習慣、抵擋流言蜚語和應對霸凌、從離婚或失去摯愛中痊癒、尋找住所、協助已逝的靈魂、為脆弱的動物或孩童提供保護、療癒與父母相關的問題、從虐待關係中解脫、療癒自殺的念頭以接受並擁抱生活、擁有安全且治癒的手術體驗、克服慢性疼痛、療癒與雙生火焰和靈魂伴侶有關的問題、祝福食物、旅途平安、清除空間中的負能量、治癒財務問題和無價值感、為我們的星球提供療癒——以上只是一些範例。

書寫這些練習時，我進入了一個非常深刻、由心而發的空間。因為我感受到天使們充滿愛與智慧的指導湧現而來，祂們渴望能幫助我們應對作為人類所面臨的種種挑戰。對我來說，這是一次讓人感到強大且謙卑的體驗。我希望那些能從這些練習中受益的人們，也可以勇於探索並享受這種經驗，這些練習將引領你更接近神聖之心。

在這些簡單卻強大的練習中，當你召喚麥可、拉斐爾、烏列爾和加百列的能量時，你不僅將體驗到美麗的天使能量，還能與你自身的內在靈性存有產生更深刻的連結，也就是你的高我（higher self）或靈魂。

當你與高我的連結強化時，你會對自己有更深層次的理解。你的情感和靈性智慧將增長，直覺和靈性能力也會有所發展，你可以本能地辨別真理，並排除可能破壞或干擾你實現真正生命道路的負面因素。你不僅開始了解自己是誰，也將知曉你人生的目的，以及如何在真實、獨特與神聖的人生道路上向前邁進。

隨著你閱讀本書，你與天使和自身高我間的關係將會改善。你也會意識到自身內在擁有多麼強大的力量，足以在你的生活及我們的世界中創造愛與和平。我希望透過閱讀本書，你的思維和心靈都能轉化為寬恕、愛與賦能（empowerment）的狀態，為一切眾生帶來靈性的益處。

Angel Basics

Part 1/ 有關天使的基本概念

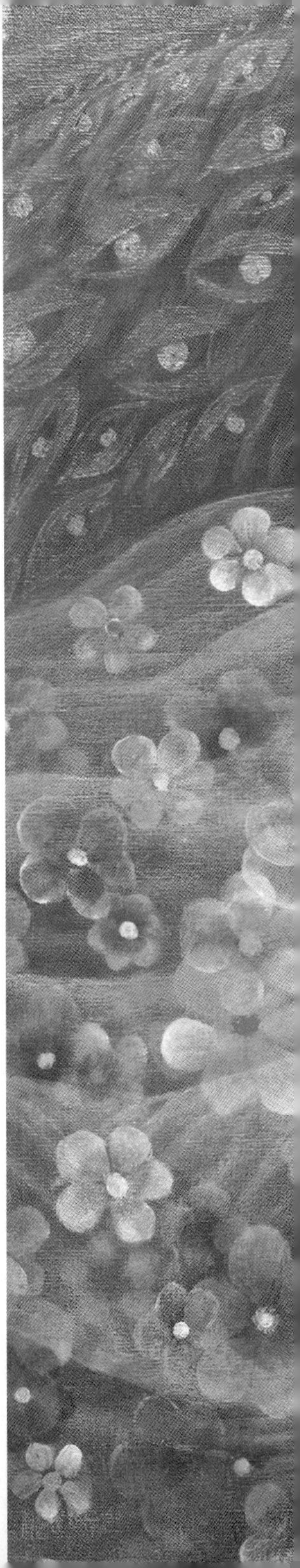

本書的第一部分將讓你對天使有基本的理解。第一章將介紹天使的知識——祂們是誰，祂們的樣貌，以及祂們如何在各種宗教和文化傳統之中與之外運作。你會學到有關墮落天使的知識，以及如何無畏地應對負面能量。我將教導你如何經常召喚天使、祂們能做什麼和不能做什麼，以及為什麼人類擁有自由意志。你會發現自己與天使的獨特個人連結，以及祂們如何以多種愛的方式與你溝通。

在第二章，我們探討不同類型的天使、天使的階級，以及每種類型的天使如何以不同的方式幫助我們。我們可以從天使身上學到有益且鼓勵人心的靈性教導，以及祂們如何幫助我們過上更幸福的生活。

在第三章，我們將認識十三位非常特別的天使，祂們熱愛人類，對我們而言也非常重要，在日常生活中以許多有用的方式為我們帶來療癒。我們將學習每一位天使的個性、天賦和教導，以及祂們如何幫助我們。

在第四章，我們開始探索如何以簡單卻有效的做法，與你選擇的任何天使建立連結。我們將學習名字的力量，以一種不那麼宗教但仍然有效的方式與天使說話或祈禱，並且提供一些你可以使用的禱詞範例。我們也會討論寫信給你的天使，並接收（channel）其回應。我會分享如何建立自己的神聖空間和天使聖壇，以吸引療癒能量，並以絕對有益的方式實現你內心的願望。本章也提及練習和引導冥想，協助你與守護天使建立連結，以獲得保護。你會學到如何為自己和他人進行直覺的天使水晶療癒，同時學習使用充滿愛的天使能量為遠方的人或地點施行遠距療癒。我也創造了一個簡單且美好的練習，能與聖母馬利亞、即天使女王連結，如此不僅能治癒並增強你與天使的連結，還能與神聖女性之愛相互連結。

在第五章，我們探索白魔法的基礎和強大的吸引力法則，以便我們可以利用魔法工作來療癒並轉變自身的振動頻率。如此，在我們生活中發生的任何正向改變，就能更輕鬆地持續下去。我們學習接受與流動，而非恐懼和強迫。我們還會了解一些實用的技巧，用於設置你的神聖空間，並在能量層面為療癒和魔法練習做好準備，包括如何每日進行「靈性扮裝」。接著，你就準備好要進入第二部分所概述的實用技術了。

Chapter 1

What Angels Are Really Like

天使的真實形象

這是我第五本關於天使的書，但我仍然認為有關天使的知識遠遠超過一整個圖書館所能容納，更別說是一本書了。

我想和你分享，是為了鼓勵你，而不是讓你感到壓力。當你在這裡閱讀有關天使的內容時，是在邀請你敞開心扉和思維，讓自己親身體驗天使的經驗。這不受限於書本所描述的，也不受限於他人所經歷的（儘管有時聽到他人的經歷，能開啟你與天使之間的個人連結）。

我曾經體驗過一些強大的天使，也有些溫柔的天使；還有一些體驗非常微妙，以致我在很久之後才意識到天使曾介入其中。我在夢中、冥想中，或者透過徵兆（例如前門的白色羽毛）與天使連結，我感受到天使站在我和其他人身旁，有時甚至能感受到祂們在我的汽車後座，玩著叫做

「轉彎」的遊戲（每次我快速轉彎時，祂們會倒向一邊，笑個不停——而且我很愛開快車，所以這種情況經常發生）。

天使既嚴肅又充滿玩心，既強大又溫柔。祂們能帶來實質助益，卻從不唐突侵擾。天使與我們同在，如果我們準備好看見，祂們會傳遞我們需要的任何異象或徵兆；但若這樣的相遇將使我們的思維與心靈無法承受，祂們也不會驚嚇我們或使我們感到恐懼。儘管如此，天使總是會幫助那些請求協助的人——即使出於某些原因，此種幫助可能必須以某種「隱形」的方式進行。

本書是為了那些想與強大且無條件愛著人類的天使們，共同體驗靈性友誼與支持的人所創作的。天使是神聖的存有，同時也非常擅長解決問題。

我經常請求我的天使們幫助我，從找停車位（停車天使真是太棒了！）到成功地應對健康或商業上的挑戰，天使都能幫助我們，並且祂們也希望這麼做。

天使為何願意協助你或你所愛之人在情感上療癒，這似乎顯而易見；但為何天使願意幫你解決財務問題，或尋找最佳的營養計劃來維護你的健康呢？我曾經問過天使這個問題。作為回應，我的心感受到一股愛的溫暖，並在腦海中湧現一些話語。祂們的回答是，當我的生活變得更順利，就無需將能量浪費在擔憂上，我可以讓能量變成愛、創造力、良善並幫助他人。換句話說，當我們允許自己獲得靈性的支持，我們便能以更有愛的方式處理現世的生活，服務於最高的神聖目的。我相信，最高的神聖目的是在我們的心中與世間增加更多的愛，以療癒並幫助所有生命。

當我們與天使連結，我們的心中、生活中和地球上的愛就會增加。愛讓人感覺美好，愛能克服痛苦和負面情緒，並讓我們全然體驗生命的神秘與饋贈。愛能帶來療癒、賦予力量、喚醒覺知、鼓舞激勵。愛是慈悲，也是智慧。當更多的愛進入我們的世界，一切存有均能受益。與天使連結不僅對你有益，也對每個人都有益處。

天使已經認識你了 而且祂們無條件地愛你

天使是聰明的。祂們知道有一種更高層次的愛能撫慰、療癒和幫助每個人的心。祂們也知道，作為人類，我們有時會不必要地把事情弄得複雜。我們可能陷入其中，並感到困惑：對於人生的信念體系、對於成為一個好人的意義、對於我們的宗教養成經驗（無論那經驗是好或壞），以及對宇宙或更高層次力量（如果我們相信此確實存在；無論我們認為這是什麼）的複雜情感關係。天使明白作為人類是非凡的體驗，但並不一定輕鬆。我們的恐懼讓我們困惑。我們對過去的痛苦執著，可能讓我們難以相信生活會有好轉、相信我們會好起來。天使們已經找到與我們聯繫的方法，讓我們不再專注於負面事物，而是打開心扉，尋求療癒的可能性。在本章的結尾，我們將探索一些天使連結的徵兆。

天使從不評判我們，並且永遠愛著我們，祂們是我們的朋友和守護者。即使我們犯了一個錯誤（或者，如果你和我一樣，重複犯了相同錯誤很多次，才發現這樣真的行不通！），祂們也不會轉身離開。祂們總是鼓勵並引導我們，以無盡的耐心和親切的幽默感，使我們學會對他人和自己更寬容。

天使以各種方式幫助我們，卻不奪去我們的力量。如果對我們而言，最為有益的是自己學習某件事，那天使便不會介入幫助，以免我們無法獲取必要的學習體驗。有時我們可能需要被推離舒適圈，才能意識到自己有雙可以飛翔的翅膀。我們透過生命中的磨難時刻，發現了自身的能力、天賦和力量。與天使建立連結，強化了我們與真正自我及內心勇氣之間的聯繫。在天使的支持下，我們能更了解真實的內在自我，並且能更有自信地穿越挑戰。

天使始終尊重我們的自由意志

天使鼓勵我們勇敢邁出信念的一大步，以成長並實現我們內在的靈性潛能。祂們知道我們所為何來，知道我們的生命有著深遠的意義和神聖的目的，也知道我們如何才能以最佳方式實現這個內在目標。即使我們還在摸索，天使們早已瞭然於心！

那些知識使祂們成為指引，在我們的人生道路上，推動我們朝著最有益的方向前進。同時也能保護我們，免於走上不適合自己，或無法實現靈性目標的道路。天使們知曉他人的正確道路可能並不適合你我，所以祂們讓我們看見徵兆，幫助我們了解哪些選擇對我們最有利，但祂們從不剝奪人類的自由意志。

我們的自由意志是重要的靈性禮物。每個人都有權選擇自己的生活方式，天使們尊重這一點。祂們知道，作為人類，我們的成長通常來自以某種方法行事，接著才意識到也許有更好的做法。我們常稱此類經驗學習為「犯錯」，但天使們從不評判人類。

召喚天使是安全的嗎？如果是墮落天使怎麼辦？

召喚天使是安全的，但最好知道應該召喚哪些天使。在本書中，你將學習與慈愛的天使建立連結的稱呼和練習，這些天使能以最美麗、有力和有益的方式支持你。

在一些傳統中，例如伊斯蘭教，天使被定義為完全純潔的存有，因此不存在所謂的墮落天使。在其他傳統中，像是猶太教和基督教，則相信有墮落天使，祂們是背叛神、被逐出天堂的天使。據信祂們四處徘徊、製造麻煩，並引發人類最糟糕的一面。在東方的靈性傳統中，則相信有許多種靈性存有——有些是有助益且充滿愛的，其他則靈性發展較低並喜歡胡鬧與惡作劇。

無論何種信仰體系與你產生共鳴，有個適用於一切體系的有益真理——你可以選擇只召喚那些開明、慈愛且有智慧的靈性存有。祂們能真正幫助你，為所有人帶來靈性上的益處。即使你相信有墮落天使這般可能阻礙你人生旅程的存有，也不需要害怕。你可以保有內心的平靜，並知道因為自己擁有自由意志，你永遠都能選擇是否允許負面能量影響你。不論你認為負面能量是來自人類、其他存有，甚至是自己的內心，最重要的是意識到我們擁有自由意志和內在力量，我們可以選擇這些負面能量對我們帶來多大的影響。

我的一位西藏靈性導師曾經分享一個故事：在夢中，他被一些非常煩人且執著的靈體騷擾，這些靈體沒有任何好話可說。他盡力忽略它們。最終，它們一如其他惡霸，因得不到回應而厭倦，便離開了他。

我們可以察覺到周圍或內心的負能量，我們也可以選擇如何回應它。有時候，最好的回應就是將注意力重新放在值得感激的事物上，將我們的能量轉變為更正向的振動頻率。這並非否認生活中的問題，而是保持一種讓我們更容易創造並找出解決方案的心態，而不是固著於甚至增添負面情緒。

美洲原住民傳統中有個民間故事，講述一位祖父與他的孫子談論於他心中存在的兩隻狼。一隻是憤怒的狼，充滿憎恨和恐懼；另一隻狼則充滿了愛、和平和善意。牠們劍拔弩張，交戰在即。男孩問祖父，哪一隻狼會贏得勝利？祖父答道：「我選擇餵養的那隻狼。」

即使你相信有墮落天使或愛惡作劇的靈體，或只是相信人性的黑暗面，也無需恐懼。你只需要意識且知曉著，我們必須選擇並滋養自身的更高本質。天使可以透過放大、滋養和強化我們內心的純潔、愛和光明，來幫助我們做到這一點。

你已經具備召喚天使援助的內在靈性能力

在第四章，我們將探索一些具有愛和創造力的技巧，以有意識地敞開我們的心扉，接受天使的協助。如此我們就能以真正有益、療癒且使我們愉悅的方式運用自由意志。令人驚奇的是，人類經常使用選擇的能力做出相反的事！天使會幫助我們打破負面模式，並在我們的思想、心靈和世界中建立更多正面能量。

你可能會覺得自己需要非凡的能力才能召喚天使，但在本書中，你會知道情況並非如此。你已經擁有內在的靈性能力，可以吸引慈愛的靈性協助，這是人類自由意志的一部分，我們可以選擇與一群激發我們展現最好一面（或最差的一面）的人在一起。我們有選擇的能力，可以選擇召喚能幫助並治癒我們的靈性協助；也可以選擇完全忽視靈性道路。我們可以輕鬆喚來天使，只要說出祂們的名字！我也將在本書中說明一些簡單的技巧，以有趣的方式與天使一起療癒。

我們是否以積極的方式使用自由意志，往往取決於我們的自信心和自我價值感。天使們愛你，並且願意幫助你，問題不在於祂們是否存在，或者祂們是否有能力幫助你；問題在於你是否相信自己值得獲取協助，並願意擁有請求天使幫助的自愛、勇氣和信心。記住，當你將更多的愛與療癒帶入生活中，這並非自私的行為，而是可能帶來益處的。一個快樂、被治癒、有力量、善良與充滿愛的人，可以為世界做很多好事。心中充滿愛，實際上對每個人都有好處。

每天向天使求助，是不是太多了？

天使是廣闊巨大的存在，祂們的力量足以同時幫助數十億人。當你請求天使的協助，絕不會剝奪他人的任何事物。大天使麥可忙著幫助你的同時，也可以處理其他人更迫切的需求。我知道有些人不請求神聖的協助，是因為他們認為地球上還有其他更需要幫助的人。但這是被誤導的想法，它否定了一個事實：只要我們內心充滿更多的愛，就能對身邊的人帶來更多正面影響。我們是互相連結的！這種思維模式也顯示必須療癒對自身擁有需求的不當內疚感，以及對神聖存有能力的誤解。

神聖存有的運作方式，與人類有些不同。人類在某一時刻裡擁有的時間、注意力和能量有限，神聖存有則不受這些限制。在佛教和印度教的靈性傳統中，會將神祇描繪成具有多隻手臂、多隻眼睛，有時還有多個面孔的形象。這些形象象徵神聖的能力，能跨越多個領域，並同時為眾多生命的需求提供協助。

這些表述旨在鼓勵我們相信神聖的力量；記住，神性不受限制，更不會侷限在人類認為可能的範圍內。這有點像是媽媽開車時，小孩坐在後座，媽媽會說自己的後腦勺也有眼睛，以免孩子惹出太多麻煩。神聖的存有也如此對我們說：「即使你認為我看不見你，或者不可能得到我的幫助，我始終慈愛地注視著你，守護著你。」

如果天使愛我們、可以幫助我們，為什麼世界上還會有苦痛呢？

很多人都想知道，如果神聖存有擁有無限的力量，天使也願意幫助每個人，為什麼世上還有苦難存在。有些人甚至認為神必然不存在，因為他們為世上的苦難心碎不已，他們想知道一位充滿愛的神或女神，以及祂慈愛的天使們，怎能允許這樣的事情發生。

這個問題的答案，回歸到人類的自由意志。我們所知的世界，是我們作為人類共同創造的世界。我們必須謹慎，不能否認我們身為人類做出選擇的靈性責任，以及這些選擇所帶來的後果。我們之中有些人，希望遵從內心而活，希望療癒自己和我們的地球；其他人則困於恐懼，認為必須不惜一切代價生存，只有自己的生命才重要。我們通常同時具備這兩種慾望，人類的集體創造已經引領出令人振奮的良善、療癒、勇氣、英勇、智慧和愛；可悲的是，人類也共同創造了一些可怕的行為，例如苛待其他生物和環境。人類短視的貪婪不利於人類和地球。天使在這裡是幫助我們更有智慧地表達自由意志，而非奪走我們的自由意志。

由於人類並非以最善良或最有智慧的生物著稱（雖然，無疑存在許多擁有謙遜且強大心靈的優秀人類），可能很難理解自由意志為何存在。為了平復對這個問題的疑惑並增進理解，我請教了我的指導靈，詢問人類的自由意志及其存在的原因。祂們說，身而為人，就是走在一條創造性的靈性生命道路上。祂們將此比擬為上藝術課，在學習如何培養創意和自我表達能力時，如果只有一種做事方式，沒有選擇的自由，要遵守嚴格的規則，就無法發展創造力。當學生被賦予自由，去做他或她希望的事情時，的確可能出現混亂和錯誤，但這也能讓靈感創意、振奮人心的表達和真正了不起且強大的事物出現。唯有如此，才能令一切發生。

就我個人而言，我相信神聖存有擁有足夠的耐心、力量、智慧和恩典，來引導我們人類，讓越來越多的人，選擇以更加有愛、智慧和有益的方式行使自由意志——人類特有的選擇創造力。我已經遇見來自世界各地的許多人，他們都希望讓我們的世界變得更美好。我們的嘗試可能並不總是熟練，但天使會在我們身邊：啟發、引導與鼓勵我們學會倚賴自身更高的本性、相信自己的內心，並一起找到我們的道路。天使給予我們一份重要的禮物——希望。希望讓我們能勇敢、樂觀且有創造力地繼續走自己的人生道路。希望鼓勵我們堅持下去，相信前方有美好的事物，勇於夢想，並為我們自己和未來的世代共同創造一個更為有愛且療癒的現實。

不同靈性傳統和文化中的天使

不同的靈性和文化傳統，對天使的描述與理解各有不同。在凱爾特（Celtic）民間傳統中，有些自然天使我們可能稱為小仙子（faerie），這些是守護動植物的靈魂天使。我寫了四本書來描述不同的水晶天使，它們與地球上的每一種水晶相連，幫助我們透過水晶的振動頻率來接收和療癒。

在本書中，我們將專注於天上的天使，其中包括你的守護天使。這看起來可能更像是宗教觀點，但儘管我尊重某些人在人生旅程中的某個時間點選擇的宗教道路，我並不認為你需要有宗教信仰，或擁有任何特定的靈性信仰，才能與天使連結。只要你的心願意就夠了。無論你對信仰的取向或態度如何，天使將把愛帶進你的生活。

我們對天使的現代看法很可能源於中東，源於崇拜單一神祇為至高神聖存有的最古老宗教，即祆教（Zoroastrianism）。該傳統還有一群神祇，以至高存在的神為尊，而在那個傳統中，天使被視為善良的不朽存在，是人類和地球的守護者，慈悲且強大。宗教的修行者會選擇一位保護天使，完全投入於自己於與那位天使的關係中。在現代而言，這就是守護天使。這種天使並不會取代我們心中至高的存在，或更高層次的愛和智慧，而是成為幫助我們更接近它的橋樑。

猶太教和基督教對天使的信仰在許多方面相似，它們都非常強調天使是親近光明並忠於人生中最真實道路的關鍵。天使的愛，是人們在靈性上直接賦予自己力量的一種方式。與其需要祭司或神父成為人與神之間唯一的中介者，天使可以提供直接且個人的連結。

我相信這是如今天使被許多人喜愛的部分原因。在這個時代，我們發現宗教人物即使擁有強大的靈魂，奉獻於更高的使命，其實也是有缺點的人類，因而不再那麼信任宗教領祂和權威人士。

在伊斯蘭教，相信天使是信仰的關鍵信念之一。教義說，我們無法完全理解這些神聖存有，但我們可以信任祂們來指引我們的靈性道路，使我們更接近神聖。伊斯蘭教（以及基督教、猶太教、印度教和佛教）認為天使屬於不同的階級或類別，擔任不同的職責。祂們的數量未知且無限，其中許多天使處理超越人類關注的事務，還有許多則專注於滿足人類的特定需求。

在印度教和佛教傳統中，天使被稱為「天人」（deva），意為「光明者」，祂們的身體由光組成，而非血肉之軀。就像其他宗教傳統中的天使，祂們不需要進食或飲水，這是跟人類不同的標誌。在許多傳統中，天使也有翅膀，這是祂們完全屬於靈性的象徵。在西藏，天人也是靈性法則的保護者，幫助心地純潔之人尋找他們所需的神聖真理。天使幫助我們找到光明，並停留其中。

在巴哈伊（Bahai）信仰中，則相信人類的靈魂有可能成為天使。你可能聽過「人間天使」（Earth angel）這一新時代教義，那些人世間的靈魂是如此純潔、仁慈和真正無私，以至於那些幸運認識他們的人，可以親身體驗到他們的善，就像在人間的天使一般。在巴哈伊的觀點中，這樣的人或許正在從人類轉變為天使的道路上。在基督教和猶太教傳統中，也有故事是關於被選中成為天使的人類。（麥達昶〔Metatron〕和聖德芬〔Sandalphon〕兩位天使據說在靈性轉化前是人類，我們將在第三章與之相遇。）我們可以從字面理解這些教義或象徵性地解讀，但無論哪種方式，我喜歡這樣的教義，因為它表現出人類心靈的美好潛力，以及在生活中選擇一條屬靈之路是多麼有價值。

天使長什麼樣子？

你不必見到天使，就知道祂們與你同在。你可以相信，當你需要時，祂們就在你身旁。然而，有時我們只想知道自己看到的天使圖片是否為真，我在第二章描述了不同種類的天使，有些描述完全不像我們一開始想像中的天使。

儘管如此，天使最常被接受的形象是擁有翅膀和光環的人形生物。在許多不同文化的靈性傳統中，都教導人們像天使這樣的神聖存有，會依需求以不同的形態出現。

我記得一則美麗的故事，故事中一位女人和大天使麥可有著深厚的連結。她參加了一場派對，被派對的其中一人帶著走下樓梯，她以為一切都好，直到他們抵達一個與眾人隔絕的黑暗地下室。她發現自己身處不想要的地方，她感到害怕，然後祈求大天使麥可的幫助。突然間，樓梯頂部的門傳來一陣敲擊聲，一位警察走下樓梯，詢問發生了什麼事。年輕女子感激地抓住機會和警察談話，讓他護送自己上樓到安全之處，她在害怕又感激的情況下留意到他的名牌，然後直接回家。第二天早上，她想要感謝那位意外幫助她的警官，所以她打電話到警局，當她得知警隊裡沒有名為麥可的警官時，她感到震驚。至少沒有人類的麥可警官——警隊裡顯然有一位天使！

如果一個人需要看見某種畫面，也許是在夢中，那他將能看見。如果他需要在心中感受到某種情感，那也必能感受。如果他需要某種形式的實質干預，那就會出現。如果你想在清醒時看見異象，但你可能因此恐懼害怕，那這樣的事情就不會發生！充滿愛的神聖存有以各種能幫助我們的方式和我們溝通並示現；祂們想增加愛，而非恐懼或困惑。

天使連結的徵兆

你可能會夢到天使，或是注意到天使的圖片或雕像，並在那一刻感受到與天使的連結。你怎麼知道那只是巧合，還是一個徵兆？你的心可能會起疑，但當徵兆是真實的，你的心會在那一剎那告訴你，然後你的頭腦才會開始分析，就像頭腦通常會做的那樣。你可能會想，「這不夠特別或戲劇化，不足以當作徵兆，這可能會發生在任何人身上。」但並非如此。

宇宙會透過我們的內心與我們交流，我們能透過當下的感受來辨別徵兆。這是一種不同的知曉——一種心靈的洞悉，或者說心靈智慧。你不能偽裝，也無法否認。如果你想更加開放地感受天使的訊號，你需要練習相信自己的內心，不要讓理性否定直覺。

有些人召喚天使，他們的心中能感受到天使的回應，那是一種平靜的感覺。有些人則能看到神聖存有的畫面。當你試圖與天使交流時，你可能會在腦海中感覺到一種顏色，或感受到愛、舒適或平靜的情緒。有些人會看到白色的羽毛，這通常被認為是你的天使與你同在的徵兆，他們聽到了你的祈禱，並且在守護著你，提醒你一切都會好起來。然而還有一些人在請求天使幫助時，不會看到或感受到任何特別的事物。如果他們心中懷抱信念，還是會持續祈禱，天使的協助仍會流向他們身邊，就像那些更容易感知靈性能量的人一樣。

很多年前，我踏上了人生中第一次作為療癒者和教師的工作之旅。我經常飛行，每當機上為了應對飛機失事，一再進行安全示範時，我會有點緊張。我們真的需要一起發揮思想的力量，想像墜機事故，想像怎麼應對它嗎？我理解其中的實際面，但為了對抗負面的思想，我會請求天使包圍這架飛機。在無數次的飛行中，我感到自己和天使玩了一場愉快的遊戲。當機長透過廣播介紹機組員的名字，總會有一個人和天使同名，機長的名字常常是不同的版本「麥可」……麥可斯、麥可森，有時甚至直接叫麥可！我很驚訝，也很高興且安心，我感覺祂們告訴我，我是被保護的，一切都會很好。就是這樣。

幾年後，我獨自一人前往土耳其參加一個會議並進行教學。我在那裡租了一套公寓，我之前從未造訪過這個國家，也很高興能去那裡。但抵達後，我馬上擔心起居住區域的安全，在訂房網站上，這條小巷看起來不錯，但實際上看來卻有點陰暗。

我召喚天使守護我，並在我作為一個年輕女性獨自旅行在陌生文化的國家時，幫助我保持機敏和理性。當我沿著一條蜿蜒的鵝卵石街道一路遠離繁華地帶時，我找到了租住公寓的入口。我拖著行李爬上好幾層階梯，在每個樓梯平台上，都懸掛著展示當地文化珍寶的藝術作品——旋轉舞、具有象徵意義的清真寺，以及路邊攤販似乎烤個不停的栗子，甜美的香氣彌漫在伊斯坦堡的空氣中。我一直往上走，到達頂樓後，面前是一張大天使麥可的畫作！這完全出乎意料，也許正因如此，我立刻意識到它是保護的象徵。我平安地離開伊斯坦堡，當我聽說在我離開後不久，這座城市就爆發了騷亂，我感到既幸運又悲傷。

我聽說過一些故事，人們向天使祈禱尋求幫助，突然發現「4」這個數字無處不在。數字「4」，尤其像444、44.44或440這樣的倍數，被認為是天使的數字徵兆。我記得有位女士很擔心自己的財務狀況，因為她需要一些資金來應付突發的意外開支，她向天使祈禱，然後注意到她的銀行餘額是444.44美元！不久後，她意外得到一筆額外收入，足以滿足她的需求。

幾年前，另一位女士告訴我她的故事。她糾結著一個不知該如何解決的問題，所以向天使尋求徵兆。她正在開車，後車廂有台老式的CD機，裡面裝滿了各式各樣的音樂CD。路程中發生了一些不尋常的事，她聽到同一首歌一直重播，不是幾次而已，而是連續7次！這引起她的注意，她更仔細地聆聽歌詞，後來在那些歌詞中找到了問題的答案。「7」是另一個深具靈性意義的數字，提醒我們具備天生的能力，可以吸引更高層次的指導，並將療癒的能量引導至我們的生活中，以療癒和解決任何困難。

這一切都是為了說明：你與天使連結的個人經驗將是獨一無二的。看待、感受或覺察天使的方式沒有對錯之分。在第四章，我們將探索一些有創意的方法，讓你與天使建立連結，以便你能向生活中的這些美麗存有敞開心扉。

如果你發現要信任自己的直覺或靈性感知並不容易，那你可能會懷疑自己是否杜撰了一切，不確定是否真能信任正在發生的事情。若是如此，也不用擔心。隨著時間流逝，當你練習複誦這些天使的名字時，你會逐漸熟悉那份感受，祂們的存在對你而言會變得更加美麗、真實且強烈，就像知道你有一位神聖的朋友始終與你同在。

Chapter 2

The Different Types of Celestial Angels

天使的類型

亞略巴古的聖丟尼修（Saint Dionysus the Areopagite）是一位教養有素的希臘人，生活在西元一世紀。他詳細撰寫的天使等級，已成為基督教天使學的基礎，而基督教可說是對天使領域最為熱衷的宗教（但若將新時代〔New Age〕運動歸類為一門宗教，也許它是更熱衷於天使學的）。

在他看來，天使的階層制度由三個等級（order）或三大群體（group）組成，每個群體又可分為三個稱作聖團（choir）的小團體。每個等級和其中的每個聖團，都有獨特的目的和特質，儘管祂們都服務於至高無上的神聖存有。即使我們不一定認同以基督教作為我們的靈性路徑，但它對天使類型精彩而詳細的教導可以激發我們的想像力，讓我們敞開心胸，接受這些神祕且充滿愛的存在。

天使的第一個等級

第一個也是最高的天使等級，包含三個天使群體——熾天使、智天使和座天使。這些天使最接近至高無上的存有，祂們會產生高頻振動，使靈性之光持續成長和流動。這些天使最接近神，散發出強大的光，強大到人類的神經系統無法感知。想感知這些光，就好像試圖將足以供應全世界的電量導流到某個區域的發電廠。只是殺雞焉用牛刀，人類與天使間的關係更多集中於較低層次的天使上，但這些較高層級的崇高存有，仍為我們提供了有益的靈性教導。

熾天使 Seraphim

熾天使不斷地唱著神聖的頌歌。為了理解此必要性，而不會將之誤解為對某種神聖虛榮的大量自我吹捧，我們必須像神聖存有那般思考，而不是從人類的角度來檢視。

在印度教傳統中，有條全然的奉獻之道，稱為「巴克蒂」（bhakti）。其核心是充滿愛地歌頌神聖存有，而這麼做會帶來美好的感受。與其懷抱負面念想，讓自己陷入不知感激、絕望和恐懼的狀態，不如利用精神和言語的力量創造正向能量，點亮內在，啟動我們內心的靈性力量，並以這股靈性之光照亮世界上有需要的地方。

在印度教及後來的基督教經典文獻中，對言語力量的理解是一致的。在新時代中，我們會簡潔地表達為「所思即所得」。在印度教和佛教等東方傳統中的肯定語（affirmation）、真言（mantra）和其他聲音療癒與靈性賦能技術的基礎，都是基於這樣的理解——由音聲或言語，創造隨之而來。

熾天使即是一種高頻率的巴克蒂或奉獻。每重複一次聖名，都是在創造光明。熾天使就像這個星球上那些選擇讚美他人或給予善言的人們，只不過祂們的聲音更加強大！祂們通常被認為是紅色和金色的，有如燃燒的神聖火焰。就像火焰創造了溫暖與光明，祂們使靈性之光保持強勁並充滿活力。

我們可以從熾天使身上學到愛足以移山、讓人重拾希望，並在我們生活中最黑暗的時刻帶來光明。我們要記住，言語有影響現實的力量；我們可以運用自己的思想和言語來治癒自己和這個星球。熾天使還向我們展示了一個簡單的技巧，可以強化我們的靈性並療癒我們的心靈——唱歌！

智天使 Cherubim

奇特的是，智天使被人們認為是有著金色捲髮和藍眼睛的胖娃娃天使，而且（至少在澳洲）還成為某個衛生紙品牌的商標！然而，在這個驚人的轉變之前，有些歷史學家認為智天使是混種生物，站在神聖空間（如寺廟內殿）的入口兩側守護。智天使的存在象徵著神或女神的接近，因此，祂們是人類與神聖存有之間的屏障。

你可能會想，為什麼人類和神聖存有間需要有這樣的屏障？但其實此中蘊含著仁慈善意。《薄伽梵歌》（*Bhagavad Gita*）是一部用梵文寫成的聖典，講述了年輕的戰士阿周那（Arjuna）和他所敬愛的神祇黑天（Krishna）之間的對話，黑天是主宰愛、音樂、療癒與神聖之美的神。阿周那因戰爭而煩惱，也為他所選擇的道路煩惱。有一次，他意識到自己必須與家人戰鬥，一想到這一點，他的心都碎了，於是他向心愛的神祈禱，祈求靈性的指引。

在他們接下來的對話中，阿周那祈求黑天全然顯現，如此他才能擁有足夠的信念，即使在困難時也能忠於他的神聖人生道路。黑天同意了他的請求並現身。即使阿周那充滿智慧也很虔誠，但受限於人類的理解能力，他還是對眼前所見感到恐懼。黑天的樣貌狂野且奇異，祂的力量如此強大，阿周那嚇壞了。阿周那無法理解所見的一切，他因恐懼而退縮，立即懇求黑天恢復較友好、較平易近人的形象，這位慈愛的神答應了他的請求。

為什麼阿周那的神如此可怕？這其實與神的本質無關。在猶太傳統中有個故事，三位聖人進入上帝居住的房間，其中一人突然死去，另一人瘋了，最後一人則開悟了。為什麼這三個人看見的是同一個神，卻有不同的經驗呢？對那些受苦的人來說，他們受苦的原因又是什麼？尤其在所有可信的靈性傳統中，神聖的存有總是與愛相關聯……或者，我應該說，是令人震撼的愛，是超越理解、期望和打破規則的愛。愛是如此純粹，因此對尚未準備好無條件接受其本質的心靈來說，可能會大感意外，甚或驚懼不已。神性無法被理解、分析或定型，它特異而狂野，只能去體驗。問題不在於神聖的本質，而在於我們自身的預期與恐懼，使我們無法毫無罣礙地見證一切。但沒關係，這也是身而為人的一部分。這就是為什麼我們需要天使來幫助我們更接近神性——近到足以感受它，又不至於超出我們準備好接受與處理的範圍。你看，這就是仁慈善意之所在。

我們可以從智天使身上學到的是，不要預期我們的祈禱將如何得到回應，也不要對神聖的更高層次運作施加期望，因為神聖存有知曉如何引導我們達致圓滿；即使那當下我們未能全然理解。天使鼓勵我們保持開放的心靈和思考，允許更高的靈性智慧以充滿愛的智慧和神聖的時機來解決問題。祂們保護我們，使我們免於接收還沒準備好要獲取的知識，並引導我們去經歷那些能使我們做好準備的必要體驗。祂們教導我們如何信任，無條件的信任。

座天使 Thrones

座天使是神祕的天使，據稱祂們背負著上帝的寶座。有時祂們被形容為圓形的，如同車輪，外緣覆蓋許多眼睛，能看見一切。祂們根據神聖的智慧施行業報的正義和慈悲，是神聖秩序和更高意志得以體現的形式。祂們會考量許多因素，超出人類視野所能理解的範圍；因為我們只有兩隻眼睛（如果算上你的第三眼輪〔third eye chakra〕，而它恰好開啟了，最多也只有三隻眼）。眼睛是洞察力、理解力和更高層次觀點的象徵，座天使的眾多眼睛表明了有一種更高的智慧，能以與人類不同的方式看待事物，理解力也超越人類所能領悟的範疇。

如果我們眼見世界的情狀並感到絕望，這絕對會讓人鬆一口氣。知曉更高視角的存在，能激勵我們繼續走在人生道路上，即使事情看起來似乎不順利；拒絕放棄；致力於對我們而言重要的事物；並且不允許絕望或不公義的感受讓我們沉默，或阻止我們活出真實的自我。這些存有教導我們信任，即使我們尚未看見，但任何困難總是有條出路，而神聖的守護者和指導者將幫助我們找到前行的方向。

座天使據說有四張臉——鷹、牛、獅和人類，這是占星學中四個固定星座的象徵。鷹是天蠍座最高層次的表達；牛（或公牛）是金牛座；獅子代表獅子座；人臉象徵持水者，即水瓶座。占星學通常被視為預測的藝術，塔羅牌也是如此。我提到塔羅牌，是因為大阿爾克那的「世界」牌經常描繪一位女性於勝利中跳躍的形象，周圍環繞著成功的花環，四個角落各有座天使的四個象徵——鷹、牛、獅、人。而這些符號有更深層的靈性意涵。在占星學裡，固定星座乃能量集中之處；真實的本質歷經提煉，而真相益發明顯。塔羅牌的「世界」預示著成功即將到來，並帶來一個新的循環。

座天使協助我們獲得固定星座的智慧教導。天蠍座讓我們學到力量，以及從個人挑戰的深淵中重新崛起、帶著希望重生的能力。金牛座讓我們學會如何實踐，如何建設、成長並顯化我們內心重視的事物。在獅子座我們學會尊重內心，勇於投身我們所愛的事物，即使有時信心不足。最後，我們從水瓶座學到如何平衡傳統與激進的新思想，如何更好地服務於更高的使命，以及如何相信自己的直覺，使我們不受他人的思想或價值觀所限制。這些都是在靈性發展上的寶貴教訓。我們向座天使學習如何尊重、表達並保護真正有價值的事物。

我意識到古埃及女神伊西斯（Isis）就是這樣的天使存在。祂被描繪成王座的象形文字，而祂的名字即翻譯為「王座」。祂是皇后，也是女神，有一對光芒四射且向外伸展的翅膀，王座的頭飾象徵祂神聖與皇室的本質。在印度、尼泊爾和西藏的靈性傳統，以及在古埃及和猶太教中，神聖女性並未與神分離，祂是神的一個面向，一種表達，祂即是神。伊西斯是神聖表達的具體化，無論何時何地需要祂，祂都會出現並為了更大的善完成任務。伊西斯引領著充滿靈性指引的人生，教導人們如何保持內心不變，即使面對巨大的邪惡，也要知道如何讓愛引領自己前行，而不是恐懼或仇恨。有些故事講述了伊西斯巧妙地獲得太陽神拉（Ra，以聖眼作為象徵）的力量（記住，眼睛是王位的象徵），透過伊西斯的行動，曾因嫉妒、暴力和仇恨而陷入黑暗的土地，恢復了公正、愛與秩序。伊西斯在我們的生活和群體中建立全新的秩序，這種秩序的基礎是對愛堅定不移的奉獻、願意勇敢面對，並拒絕被負面情緒擊倒，無論情勢有多麼艱難。

座天使讓我們相信宇宙正在開展，所有需求都將被納入考量。如果我們相信神聖的智慧最終是充滿愛的（我是這樣認為的），那麼我們可以假設，即使生活不按我們的計劃進行，此中也有良善的理由，並且最終會對我們及所有眾生有益。我們可以從中獲得慰藉，因為我們無需計算誰獲得了什麼，也無需擔心有人會「僥倖逃脫」某些事，因為我們確認神聖之眼無所不見。我們可以堅守我們的心與真理，相信正直、靈性智慧和個人責任足以讓我們獲得任何值得擁有的事物。

天使的第二個等級

第二組天使有主天使、力天使和能天使。這些天使按更高的意志行動，協助帶來所有創造物靈性成長所需的結果。有時這些天使被描述為祭司，而我還會加上女祭司，因為如果天使願意，祂們也可以具備性別。天使並不受性別的限制，因為祂們是沒有人類形態的神聖存有——除非祂們特地以人類形態來助人。

女祭司是人與神之間的中介，祂們能夠連接兩個領域，並協助靈性世界將訊息傳遞到人類的領域。祂們也協助人類向靈性世界敞開心扉。當這樣的流動不僅被打開了，最終更讓任何尋求與美麗靈性世界建立更密切關係的個體，得到更為私人、直接且有意識的體驗時，女祭司便完成了祂的神聖任務。這些天使協助開啟神聖與所有現存領域之間的管道。這一點非常重要。因為有時候我們可能很難真正感受到神的存在，並且可能被懷疑、焦慮、恐懼或困惑所擊倒，而神聖之愛的天使管道——就如同這些強大的天使般——可以協助我們。這就好像祂們驅散了我們困惑的雲霧，讓溫暖的陽光照進我們的心靈。

主天使 Dominions

據說主天使手持權杖和劍，頭戴三重冠冕，這些符號象徵著權威和靈性的力量。這意味著什麼呢？內在靈性之光的力量——即使我們無法看見、感受、觸摸或辨識它——比我們在物質世界所能看見、感受、觸摸與辨識的事物更為強大。從邏輯的角度來看，這根本說不通；智識往往假設某樣東西越龐大，它就越真實、越強大。然而，在許多文化中都有許多小蝦米戰勝大鯨魚的故事，這些描寫意外勝利的故事令人感動、鼓舞人心；而這類故事也一直出現在現代電影文化中。為什麼呢？因為這些故事與人類的心靈產生共鳴。這不僅僅是說當我們面對壓迫時，不必成為受害者；也是關於把不可能變為可能，以及好事突如其來地發生的故事。

靈性是一種無法預期的力量，是看不見的力量，它編排事件的發展，好讓我們在成長、療癒及實現內在神聖目標的過程中得到支持。這就是神聖法則的運作方式。當你在神聖的命定下必須完成一項任務時，你的內心和外在都會擁有你所需的一切，以支持你實現目標。這未必容易，有時你可能需要在挑戰中成長，發現自己的勇氣和能力，但最終你將取得勝利。

主天使教導我們靈（spirit）的力量，當我們願意相信，靈便能協助我們感受到無條件的信任。我們相信即使事情看起來似乎不太順利，但神有充滿愛的計劃和目的，並且知道如何使我們展現最好的一面。主天使，顧名思義，祂們掌管領土及集體的命運，例如國家。祂們可以幫助我們理解，自身獨特的個人旅程，也是所屬群體更大的集體療癒之旅的一部分。我們無需對此感到負擔，感到羞愧。如果我們願意，我們可以選擇以存在、思想或行動，來幫助療癒並提升整個群體。這些天使可以提醒我們，祂們幫助的對象不僅只是個人，也包含更大的群體。即便只有一個人為集體尋求療癒和幫助，也能發揮作用。

主天使據說是以向上的能量模式移動，祂總是渴望更接近神。這種對神聖親近的強烈渴望——讓我們的思緒沉迷於我們所追尋的靈性美，而不是被擔憂與顧慮所消耗——正是神秘之路的核心。例如，有些人被金錢驅使；傾向神秘主義的心靈，則被對靈性道路和與神合一的渴望所驅使。這並不代表你不再關心自己的財務情況，這只代表你願意讓靈性道路成為心中最重要的事，更為相信信仰而非恐懼；或許還會祈求靈性的指引，讓你做出最好的選擇，帶來更多財務自由。當你的心靈受到如此啟發，你的人生選擇將更關注於什麼能幫助你成長、什麼能幫助你找到真實人生道路的內在滿足，以及什麼能幫助你覺醒，獲得智慧，發展你的內在光芒。你仍然可以享受物質的禮物和快樂，但它們不是你人生的主要動機。主天使是天使中的神秘主義者，祂們教導我們熱愛靈性，讓我們真正受到靈性道路的激勵與鼓舞，這條道路將能觸動、溫暖並強化我們的內心。主天使提醒我們，神知道我們需要什麼，並且會引領我們實現需求，包括物質豐盛與靈性覺醒，只要我們信任自己真實人生旅途的進程。

力天使 Virtues

你可能相信奇蹟，或者你可能感覺自己現在的人生需要一個奇蹟（也許兩個，或三個）。力天使是一群能提供奇蹟般援助的天使，因為祂們足夠強大，能保持神聖恩典的頻率，從而真正地（重新）塑造我們的世界。奇蹟可以被定義為儘管在最糟糕的恐懼和預期下，仍然出現的情況。它們彷彿不知從何而來，卻在最後一刻拯救我們，提供我們所需的事物。恩典——奇蹟的本質——在我們需要時就會出現。恩典的本質，在於我們無需爭取；它被賦予，是因為我們被愛著。

如果你處於困境之中卻沒有被拯救的感受，那麼你一定正在學習一些有價值的東西，這一切將在日後帶來重要的協助。當情況不再有利於你的靈魂成長時，你就會找到脫離它的方法。恩典總是存在。有時，當我們確信事情就要崩潰時，卻經歷到它們奇蹟般又匯聚交流；而在其他時候，則是野性靈魂的黑暗恩典，透過克服挑戰，來學會找到自身的長處與力量。

雛鷹在舒適的巢穴中成長，由牠們能幹的獵食照護者餵養。雛鷹們感到溫暖、安全、飽足……而且還住在擁有無與倫比景觀的黃金地段！有一天，牠們舒適的天堂突然被剝奪了，牠們深愛的母親將牠們推出巢穴，讓牠們從空中急速下墜，直直墜向死亡。然後——咻！母親從牠們底下飛掠而過，將牠們拾起並丟回巢中，在這個過程中，牠們的翅膀變得更加強壯，最終雛鷹學會了飛翔、狩獵，完成了牠們神聖的命運，也就是成為一隻老鷹。在混亂之中，隱藏的祝福顯現了——啟動並實現了牠們的內在本質。

力天使能教導我們，我們的靈性力量足以讓我們度過任何難關。正如上述分享的鷹的智慧教誨，當我們記得相信自己，並遵循內心的真實而活，就能轉化最困難的經歷，從中獲得自我理解、自我實現和自我表達。我們學會了自己是誰，以及我們有能力做到什麼，答案往往超出我們的想像。這些天使教導我們對生活、靈性和自己保持信念。

能天使 Powers

能天使是第二個等級的最後一個天使聖團。這些天使被譽為抵禦極端邪惡的守護者，祂們確保靈魂獲得成長所需的自由，並讓我們始終擁有自由意志（或選擇的能力）。若是沒有選擇的能力、或無法對結果負責，我們就無法成長。這個聖團的名稱表明了祂們的目的——平衡力量，以保護光明。

有時候，我們對於在靈性旅程中變得更加強大，可能會有些不舒服。我注意到人們傾向避免需要發揮自身力量的情況，這通常是因為他們曾有濫用權力的負面經歷，並希望不再涉及這類事。他們把力量與試圖控制及支配他人聯繫在一起，而他們內心無法接受這種事；我也無法接受，所以我能理解。但我也知道，些微的權力便足以沖昏人的腦袋，我們可能會發現自身內在有著過去未能意識到的醜陋面。我們可以選擇努力克服這一切，學會如何掌握力量，臣服於更高的智慧，並變得勇敢。我將此稱為「賦能」，意指能勇於追尋，並踏上我們人生道路的能力。如果你的人生道路是成為一名療癒者，在集體環境中保持光的平衡，或是行事光明磊落，以便為孩子樹立靈性力量的榜樣，那麼為什麼你不希望那些依心而行的人，也有足夠的力量來實現他們的命運呢？

當你表現卑微、與內在力量脫節，而且沒有勇氣擁有自己的力量時，就無法獲勝。我們可能會錯誤地認為，否認自己的本質和人生道路能讓他人快樂，但這充其量只是一時的應急手段，真正的幸福來自真實。如果我們生來就是為了格格不入，以某種有意義的方式與眾不同，那我們一定必須與內在力量建立聯繫，才能發揮我們的潛力！

這些天使居住在生與死、天與地、善與惡的交界處。祂們有足夠的力量，即使在這種環境仍不失本心。祂們就像是靈魂的救生員，潛入深淵拯救溺水者，卻不會被捲入混亂之中。祂們可以教導我們做同樣的事情：辨識他人身上（或我們自己內心）的負能量，並選擇不受其影響。祂們教導我們認識自身創造負面或正向能量的潛能，讓我們能在不確定的時刻感到自在；並在等待那些超出我們控制範圍的事情展開時，仍堅守本心。這可能很困難。當我們處於這些強烈的轉變經驗中，如能得到天使的支持將是非常有幫助的。我們要學會識別每個瞬間，並從中學習，而不是急著往前衝。

當你處在人生的抉擇點——從小問題，比如評斷或寬恕一件小事，到對你來說非常重要的人生抉擇——能天使都會出現，帶給你光明和力量。祂們強化了一個理解：當你真誠地依照內心的真理往前邁進一步，道路總會在你面前開展。

天使的第三個等級

第三個也是最後一個天使階層，是與我們人類最相關的天使階層。祂們與每個人有最密切的關聯；祂們傳遞訊息，保護我們的個人生活，同時守護我們的社群和集體需求。這個階層的天使有權天使、大天使和天使（包括個人的守護天使）。

權天使 Principalities

權天使閃耀著神聖的愛、光明與智慧，特別肩負著指引領導者的任務，讓領導者以智慧完成更高的目標。對於在生活中擔任領導位置的人而言——可能是在家庭、靈性團體、社會群體，或者在工作中，或作為人生目標的一部分——這些天使是特別的引導者。許多人認為，領導者是站在前方、孤軍奮戰並引領道路的人。看來似乎如此，但作為一位有智慧的靈性指導者或領導者，我們必須與被帶領的人們保持連結，更重要的是，要跟那些帶領我們、且更睿智的存有或靈性守護者保持連結！

經常有人問我，在擔任療癒者、引導者和教師時，我如何保持我的光完整且能量潔淨。儘管在許多人眼中，我是站在群體之外、引導世界各地人們的女性，但我並不認為我是獨自在做這項工作。我受到慈愛的靈性智慧的支持、指引和引領，這樣的智慧知曉必須發生什麼事、何時該發生，以及如何發生。我對此深信不疑，我認為允許超越自身的靈性智慧來引導自己，是我帶領及引導他人的最佳方式。我需要擁有勇氣和力量、保持紀律，保持我的中心以及與靈性的連結，這就是我工作的範圍。哦，還要記得大笑！其餘的任務就交給靈性智慧。作為一位願意敞開心胸，接受更偉大引導恩典的領導者，天使是重要的盟友。

將自身調頻至更高的本源，並不代表可以免除個人的責任。我們運用自由意志，來選擇表達的內容。我聽過一些人自稱能通靈更高層次的存有，卻說出一些駭人的話語，但那絕非更高層次的存有會有的言語。這些人可能會說，「哦，這不是我的意思，這是神靈說的」，好似這樣就可以散播負能量或恐懼了。即使我聲稱自己以通靈的形式創作了一些作品，我仍對自身一切行為負起全然的靈性責任。這是成熟完善的表現。不成熟的領導者並非真正的領導者，他們更關切的是自身能得到什麼，而非如何引導、協助並賦能予那些他們應當照顧的人們。

作為一位成熟的領導者——在靈性和心理上——我們必須對自己分享的內容、言行以及鼓勵他人接受的事物承擔靈性責任。我們也必須調頻到更高的智慧，以便感知何時讓事情自行解決，何時該介入並立即採取行動。如果你在各種複雜因素交織的情況下擔任領導職務，你要信任更高層次的引導，祂們可以用不同的觀點，讓你的領導傳承得以和平並延續。成為一個領袖需要負責，但你可以自由選擇希望以什麼樣的方式，成為他人的引導者和守護者。權天使可以啟發並指導那些對祂們的光芒敞開心扉的領導者。祂們幫助我們以確保所有人都能獲得慈愛、增能、療癒的形式，來承擔我們的角色。這適用於所有的領導者，無論我們是帶領一個群體，又或是為人父母。

權天使有助於療癒並建立健康的群體秩序，重新平衡並消除負面事物。這些神聖的協助者明白何為公平正義，祂們引導勇敢的人來實現社會變革，以重建更高層次的愛之計劃。（想想艾琳．布羅克維奇〔Erin Brockovich〕挑戰污染當地水源的大公司，並成功獲勝的故事。遺憾的是，當前的環境、政治和經濟氛圍需要這樣的故事重演。）願天使們持續以智慧啟發並引導人類，關愛我們的地球及所有生物。

大天使 Archangels

這大概是最為人所知且最著名的天使類別了，大天使麥可在知名度上很可能位列第一。本書之後的章節將介紹幾位大天使，並說明祂們各自的特質。

我們之中有些人需要更多天使的支持以完成人生任務，或許是因為當我們自我療癒，我們在某種程度上也協助療癒了群體，並帶來新的信念體系或想法。療癒者往往屬於這一類，還有各個領域的創新領導者及積極變革者，包括教育、藝術、環保、政治、科學、醫學、療癒與靈性、商業與金融等等。如果我們走在神聖服務的道路上，我們的人生目標便涉及協助他人，那麼我們一生中很可能會有一位大天使和一位守護天使與我們同在。對我而言，大天使麥可就執行了這個任務，我知道祂也為許多光之工作者、療癒者和為民服務者做相同的事。我是直到祂不斷出現在我的夢裡，教導我一些事情並保護我免受負面影響時，才意識到這一點。

大天使們雖與人類密切相關，但也監督更大的宇宙運行和全球任務，保護並指引人類，並與行星及恆星的能量合作。古阿拉伯的恆星教導指出，大天使賦予各種星星靈魂，如位於獅子座的軒轅十四（Regulus）與大天使拉斐爾、位於金牛座的畢宿五（Aldebaran）

與大天使麥可，以及位於南魚座的北落師門（Fomalhaut）與大天使加百列。（如果你對此有興趣，我在我的著作《水晶星星11.11》〔*Crystal Stars 11.11: Crystalline Activations with the Stellar Light Codes*〕中深入探討了這個主題。）

大天使對人類非常感興趣且亦參與其中，我根據與祂們的連結，創建了一個完整的療癒方式，也就是薩拉斯瓦蒂療癒（Saraswati Healing）線上培訓課程的第一個模組，它可以用於自我療癒，也能學習療癒他人（如果你願意）。我喜歡我們所召喚的天使和大天使，因為祂們與人類如此接近，因此在許多情況下，我們能感知祂們的存在。更高階的天使存有有時太過強大了，我們無法輕易與之連結。這就好像試圖直視太陽一般：它的光芒太過耀眼，因而我們無法輕易看見。但我們仍然可以從營火獲得溫暖，雖然它狂野而強烈，但我們還是能直視火焰。天使與火的原理一致，即祂的表達方式讓我們人類更易於觸及。大天使是我們身處人類肉身之中，也能觸碰的神聖火焰的表達。祂們為我們的心靈和生活帶來了如此多的光明。

天使 Angels

在天使這個類別中包含了我們的守護天使，儘管我們之中的許多人，可能還有額外的天使——甚至可能是大天使——在守護著我們。但我們要如何得知呢？我們要聆聽內心，感受情感。你得要很特別才能有大天使作為嚮導嗎？神平等地愛著所有人，如果有人需要大天使的保護，他們就會得到。即使你不確定是否有一群天使時刻與你同在，但你可以確定的是，祂們知道你並愛著你，如果你呼喚祂們（例如使用本書中的任何技巧），祂們就會來到你的身邊。

守護天使就在每一個生命體身邊。這些親愛的神聖存有，自我們出生起就與我們同在，愛護我們，服務我們，並始終站在我們身旁。我可以給你一個立刻就能做的小練習，讓你更有意識地連結你的守護天使。

將手放在你的心上，大聲地（或默默地）說：

我知道祢在我身邊。我經常忘記祢，但祢從不會忘記我。祢總是以耐心、慰藉和愛陪伴著我。當我有一個瘋狂的想法時，祢知道何時鼓勵我、何時讓我冷靜下來，使我不會走上錯誤的道路。我非常感激祢，親愛的天使朋友，我愛祢。謝謝祢陪伴我、幫助我。有祢在我身邊，我知道我永遠不會孤單，永遠不會被遺忘。

慢慢地、有意識地說出（或者想著）這段話。然後留意你的感受。

你的守護天使永遠在你身邊，祂們可能充滿活力、生氣勃勃，也可能安靜而內斂，但祂們將成為你完成人生旅程最需要的存在。祂們對所有日常事務充滿興趣，也有能力提供幫助。祂們提供的保護和指引，與團結所有天使的更高目標——神聖之愛——和諧一致。

我想和你們分享一個關於我向天使們求助的故事。我過去住在一間古怪的小屋子裡，那裡的門鈴壞了，我曾因此錯過郵件投遞。送貨員會留下一張卡片，然後我得去郵局排隊，祈禱能找到包裹，再開車回家。只因為錯過了送貨員來到我家門口的那一刻，我可能會失去一個小時的寶貴寫作時間。我當時正在趕新稿件的截稿日，時間非常緊迫，所以我請求天使的協助，讓我知道什麼時候該去前門，這樣我就可以收到郵件並節省時間了。過了一會兒，我有點擔心，召喚天使在郵件投遞時通知我，是不是有點不敬？祂們是高貴的神聖存有，是強大、光輝且有翅膀的光明生物，祂們不是我的私人管家！我向祂們道歉，然後我收到祂們的訊息，那些言語毫不費力地在我腦海中流動，讓我立刻感到安心。祂們說：「若妳允許我們幫助妳，不再把能量放在憂慮，妳的能量就可以被導引到有意義的追求上，從而幫助自己和其他人。這對每個人都有好處，讓我們幫助妳。」祂們就是這麼做的。我感知到什麼時候要走向大門，接下包裹，並且在期限前交稿。

在之後的章節，我會分享一些簡單的方法，讓你和你的守護天使成為朋友（祂們已經愛著你了），如此你就會更常依靠天使的支持。教導一個需要幫助的孩子，讓他們知道自己有位天使幫手，無論在什麼情況下都會永遠愛著他們；這會是一份非常珍貴的禮物。

Chapter 3

Some of the Angels Who Want to Help You

想要幫助你的天使們

我在本書中介紹的天使們，是遵循直覺的指引來選擇的。對於這些存有，我有一定程度無條件的信任；我習慣只分享在靈性上對你有益的實作練習，並且只鼓勵與神聖存有建立連結。

當一個存有處於「靈性狀態」，不代表它們可以突然開悟，或是能有效地引導我們。例如有時候，在讀取靈性訊息時，一個已故的親戚以靈性的方式出現，並且有很多話要說，聽聽它們極為主觀的評論可能很有趣——就好像它們還在世一樣——因為它幫助我們了解，即使靈魂離開了肉身，仍然繼續其旅程。但這並不意味著它們的引導會有幫助。聆聽某些觀點、而非更深刻的真理，往往會帶來困惑，並使我們與內在的知曉脫節。

我們只能透過尋求並遵循內心智慧，才能感

知到真實的人生道路。當我們召喚靈性存有時，我們希望確保祂們能由更高的角度觀看、知曉並理解，並且祂們願意且能夠加強我們與內心真理的連結，以幫助我們走上正確的道路。你可以安心地召喚這些神聖存有來實現此一目標。

天使的數量無窮無盡，多到我們難以一一命名。在本書中，我們將認識一些天使，祂們能滿足你此生所有可能出現的人類需求。事實上，你可以召喚你的守護天使來為你處理任何事情，而這已十分足夠；守護天使會根據需要召集靈性幫助，以完成協助你的任務。然而，你可能會像我一樣好奇，並樂於體驗那些擁有無條件的愛與智慧的不同神聖存有，祂們各自的品質與特性為何。在這一章中，我們將會介紹其中十三個天使。

你可能會好奇為什麼是十三個天使，有些人認為這是個不吉利的數字。然而，數字十三是神聖陰性（sacred feminine）和天使的強大數字！與大天使麥達昶（我們在這章會遇到的其中一位天使）相關的神聖幾何圖形有十三個圓圈；第十三位使徒是抹大拉的馬利亞（Mary Magdalene）；行星金星和女神維納斯都與數字與十三有關，祂的能量能支持更高的意識。十三這個數字絕非不祥，它能支持靈性覺醒和內在力量的取得。此外，我並非故意在本章選擇十三位天使，我只是感覺到這十三位特定天使的臨在。因此我猜天使們和我一樣喜歡這個數字！

在各種靈性傳統中，有些天使被提及的頻率比其他天使更高。在許多重要的世界宗教和傳統中，有四位大天使普遍被認為是強大且純潔的——大天使麥可、拉斐爾、烏列爾和加百列。我特別為每位大天使各自撰寫靈性練習的章節，好讓你能直接體驗祂們強大而療癒的能量。在第五章，你將看見這些靈性練習的簡介，包含淨化與練習前的準備工作；而具體的實踐則在第六至第九章中說明。

本章會先簡要介紹四位大天使的名字、品質和特性，還有一些與人類關係特別緊密的其他天使。這些天使對於克服人類在生命道路上經常面臨的各種困境大有助益。

麥可 Michael

大天使麥可以其「保護」的特質而聞名。祂的名字據說意為「像神一樣的人」，祂是為善而戰的勇士。與祂相關的顏色是深藍色和紅色。祂經常被描繪成身穿戰士鎧甲，展開強壯翅膀，手持劍或矛的形象。麥可通常將劍或矛高舉過頭，隨時準備打擊在祂腳下陷入困境的惡魔，或其他負能量的象徵。

我曾親身經歷大天使麥可在我的夢中出現，保護我免受一些有害能量的侵襲。當你身為光行者，越是大獲賦能，越是能從大天使麥可的愛與信任中受益。祂會在背後支持你，讓任何不必要的負面力量遠離你。當然，這意味著可能存在「必要」的負面力量。那會是什麼呢？有時候，我們學會找到自身力量、設立明確界限、並意識到內在保護力量的唯一方法，就是必須獨自處理各種情況。但這並不代表天使已然離棄我們，或不再幫助我們了！有次在夢境中，我召喚大天使麥可協助我應對一個可怕的情況。祂出現了，但祂並未擊敗在夢中威脅要傷害我的靈魂，祂給予我的是引導。「戰鬥吧！」祂說。於是我這麼做了。透過這個過程，我學到有時我們必須做自己的後盾，捍衛自身價值。我們應該拒絕被他人利用，拒絕自我憎恨或傷害，承認自身的價值與尊嚴，並學會愛自己。

大天使麥可總是照看著我們，但祂也知道何時該退後，讓我們展現內在的力量。有時候，直到面對考驗時，我們才能真正了解自己的能力。大天使麥可會幫助我們找到勇氣和信心，以應對任何挑戰。

拉斐爾 Raphael

大天使拉斐爾通常被描繪成身穿飄逸長袍，手持某種療癒法杖，看起來既強大又溫柔的形象。祂的名字據說意指「神治癒了」。拉斐爾的光束或能量是治療之光，與祂相關的顏色通常是祖母綠和純白光。大天使拉斐爾與療癒及療癒者有關，祂同時被認為是旅人的保護者，尤其是那些乘船旅行的人們。

你可能會好奇，療癒和旅行有何共同之處？但開始療癒自己——無論是身體、心靈或靈魂（或三者兼具）——無疑是一段旅程的開始。這段旅程往往充滿許多步驟和障礙（來自心靈和外界）需要克服；如果療癒的需求非常深切，它必然會考驗我們對自己和宇宙的信念及信任。

保護旅人使拉斐爾成為許多人的靈性引導。旅行與進行內在的療癒之旅，往往涉及穿越未知的土地。雖然運用自由意志自行解決問題可能很有趣，但一位經驗豐富的嚮導可以為我們導航，確保我們追尋的道路是真正有益的。拉斐爾可以幫助我們找到需要的訊息，以便為自己做出最好的選擇。在這個資訊時代，我們有許多資源可以運用，這是很棒的事，但也會帶來許多相互矛盾的建議；我們必須篩選大量訊息，才能找到真正有益的內容。

在成為一位靈性教師之前，我曾就讀法學院。我在法學院學到的事情，很少能運用到我的靈性工作中，但訴訟課是個例外。在那堂課中，我需要準備一個案例，並且要進行交叉詢問（且徹底打擊！）任何對立的論點。我喜歡研究對方的相關判例法（case law），並找出所有必要的重點，好削弱任何可能反對我觀點的論述。在這個過程中，發生了一件意想不到的事——我成功地說服自己接受對方觀點的合理性，但同時也認為自己的論點是對的。這讓我非常不舒服，兩種對立的觀點在我看來都完全正確。

我因此發現，我們自身的智慧可以有力地為一項事實辨護，隨後又可以為完全相反的事實提出同樣令人信服的論點。怪不得我們經常感到非常困惑，且不確定該如何選擇！唯有心，方能以簡單而強大的洞察力和智慧，協助我們穿透永無止境的智識辯論，找到當下與我們共振的事物。以我而言，我的心引領我離開法律實務，轉而探索宇宙的靈性法則。有趣的是，我不僅在這樣的轉變中擺脫了困惑，還擺脫了因追求不真實道路而增長的沮喪、焦慮和健康問題。我放下了那條路，從而獲得了比過往任何時候都更大的平靜、幸福和滿足感。

在印度的靈性哲學中，心輪的顏色是祖母綠色。在水晶療法中，祖母綠則有助於平靜、強化和保護心靈。拉斐爾的祖母綠之光，有益於加強我們與內心智慧的連結，找到真正與我們共鳴的事物，以在療癒身體、心靈和靈魂的旅程中能繼續邁步向前。

烏列爾 Uriel

大天使烏列爾與榮耀、光明、面容以及神聖的臨在相關。祂經常被譽為神聖火焰，通常以太陽的形象出現，是光明與智慧的承載者。祂的顏色多與太陽有關——金色、黃色、紅色和橙色。

二十多年前當我開始探索天使魔法時，我選擇了幾個天使來代表元素，並直覺地將烏列爾與大地（特別是大自然）連結在一起。當時我對烏列爾的了解不多，只是感覺與祂之間有強烈的連結。（實際上，儘管天使不像人有性別，但我往往將烏列爾視為女性而非男性的存在。）因此，對我來說，烏列爾成為自然的力量，體現了女性的本質。多年後，當我意識到烏利爾被認為是神聖的臨在時，我更感到極其豐厚且深刻的療癒。

而我注意到，當走在靈性的道路上，會有一段時間，我們將經歷著世俗體驗與靈性探索間的衝突。有時候，尤其是在剛開始，兩者看來似乎天差地遠。例如，我們可能會經歷一段痛苦的時期，只在參加靈性工作坊或閱讀靈性書籍時，才感覺像真實的自己。離開那樣美麗的神聖空間，回到一份無法滋養靈魂的工作，或者不得不面對令人心灰意冷的家庭問題或財務困境時，都讓我們感到沮喪。有時，這種衝突會表現為一種感覺，認為若是走在靈性道路上，就無法擁有財務上的豐盛或滿意的愛情生活。有時，這與前世的誓約有關；有時，這與現代許多宗教中仍然存在的，肉身與靈魂間的分裂有關。認知到大天使烏列爾是自然中神聖之美的體現，是對神聖陰性的尊敬；神聖陰性是地球和自然中美麗的療癒力量，它能幫助我們走在靈性的道路上。神聖陰性是療癒和安慰的源泉，而非應當恐懼、回避、被視為可恥的或「非靈性」的存在。

我們必須療癒並整合自身的靈性和物質自我，才能真正走在靈性的道路上。大天使烏列爾能幫助我們做到這一點。當我們不僅渴望理解靈性相關的事物，更渴望活出自己的光芒時，祂會幫助我們。祂也引領我們實現自己的靈魂使命，擺脫社會的束縛；這種束縛讓我們感覺自己像倉鼠般在小輪子上無休止地奔跑，卻永遠沒有任何進展。當我們多次登上（集體）高峰，然後意識到沒有真心的成功是一種非常空洞的勝利時，大天使烏列爾引導著我們。

烏列爾是光明的顯化，祂是以實際的方式做出自我表達的心靈，以便在這個世界中茁壯成長。光明是一種祝福，但它需要某種形式才能發光——無論是太陽還是燈光。烏列爾協助我們找到將光扎根的方法，使光能照耀並惠及眾生。

加百列 Gabriel

這位天使對我而言略帶女性特質，但當然你的體驗可能不同。加百列經常被描繪為身著多彩長袍，從白色到深綠色都有。加百列是宣告和預言未來之事的天使，特別是宣告新的誕生或即將面臨的挑戰，但一切都能透過恩典克服。也許因為如此，我聯想到祂的顏色是喉輪的天藍色；此種顏色於我而言，象徵的是表達與聲音（和地球上其他無數相信脈輪系統的人一致）。

有些人會為了可能被周遭拒絕或嘲笑的事物勇於發聲，加百列對他們來說，有著特殊的意義和保護。加百列也是溝通與通訊相關工作者的天使，尤其是大眾傳播工作者、或認為自己的部分人生目標是以思想觸及廣大受眾的人（或許也透過智慧，期望這種表達在整體上能有協助和療癒的效果）。

人們認為加百列能施展許多奇蹟，包括保護人們免於憤怒之影響，甚至是神的憤怒。我相信真正的神聖存有偶爾也會發怒，但永遠都是為了最大的善，祂們的兇猛背後有著無條件的愛。這有點像老虎媽媽對幼崽們大吼，好讓牠們可以停在原地；因為若僅是輕柔的低鳴，虎寶寶們可能會忽視不理。

那麼，如果在嚴厲的神聖之愛中也始終存在溫柔，我們為什麼還需要加百列呢？加百列是慈悲之力，軟化並平衡我們濫用自由意志所帶來的影響。當我們應從自身的選擇所導致的後果中學到教訓、並變得更為明智時，這並不是為了讓我們可以逃脫應盡的責任，而是出於慈悲之心。

有時無意間的負面行為，可能會帶來非常嚴重的業報。我記得幾年前，澳洲有則汽車保險廣告：一隻海鷗在公園裡叼住一根被丟棄的薯條，飛走了；一旁的狗本能地開始追逐，牠激烈地追捕，整隻跳到空中，然而物體上升必然下降，這隻狗也迅速下墜；路邊一台汽車經過，牠正好落進天窗，掉到毫無戒備的乘客身上。乘客開始尖叫，驚慌失措的駕駛一瞬間分心未注意路況，在混亂之中，沿著碼頭直直開進海裡！司機、乘客和狗坐在下沉的車輛裡，此時最驚人的事情發生了——保險公司的代表在第一聲鈴響後就接起電話，幫助他們！當初在公園隨手丟棄薯條的人，能預見這樣的結果嗎？不太可能。這樣的行為帶來許多戲劇性的後果。但他們應該經歷與此相似的災難嗎？那可能有點嚴厲（儘管他們可能未來會更注意，不要亂扔垃圾）。大天使加百列的保護智慧知道什麼是需要的，何時應施以仁慈，何時應賜予恩典。

大天使加百列的特定形象之一，是祂手持一朵白色百合花。百合花呈喇叭形狀，這也是神聖交流的象徵。而加百列的另一個象徵則是宣告的喇叭。當我們直觀地與加百列連結時，通常正處於人生的轉捩點，需要一些關鍵的訊息或指引，祂會充滿愛心地幫助我們，讓我們擁有所需的資源，即使是最艱難的時刻，也能成功度過。

加百列的名字意味著「神聖的力量」。我們需要充足的內在力量，才能說出我們的真理，也才能聽見真理。《聖經》說真理會讓我們自由，但自由有時似乎相當可怖。雖然未知的誘惑能激發冒險者的心靈，以好奇而非焦慮的心態去追尋新的冒險；但有時恐懼會占上風，我們會對自己明知需要聽見的東西充耳不聞。加百列的百合花幫助我們感到平靜與信任，如此當我們選擇聆聽內心的真理時，一切都會得到最好的安排。

麥達昶 Metatron

麥達昶是一位強大的天使，我從聽到祂名字的那一刻起，便感到與祂之間存在強烈的個人連結。有時你會在心靈層面與某位神聖存有產生共鳴，這便足以讓你知道自己與其有著特殊的聯繫。對你來說，探索並與這位存有發展出更有意識的關係，來作為你生命旅途中的療癒指引，是很有幫助的。這份關係可能伴你一生（實際上，你可能在前世就已經與這位存有建立強烈的連結了），或者僅僅與你生命中的某個特定時期或目的相關，也許是為了完成某項特殊任務，或度過某個艱難的過渡期。

當我們處理某些問題時，麥達昶對我們的心靈格外重要，例如學習擁有自己的力量，並以智慧表達它；或是當我們作為學生，經歷任何具挑戰性的學習過程時——這當然包括在人生這所學校裡的學習。有時候，我們的人生課題會透過宇宙的溫和推動來示現；但也可能會顯現為必須透過個人成長和靈性發展，才能克服的挑戰性情境。與其浪費精力試圖改變我們無法改變的事情，不如從內而外地努力克服人生中的問題。

在《舊約聖經》或《新約聖經》中並未提及麥達昶；但在古巴比倫的《塔木德》（*Talmud*）和伊斯蘭傳統中有對祂的簡要介紹。前者將祂形容為天上的書記，上帝話語的書寫者；後者則將神祕的麥達昶形容為「帷幕天使」，祂協助我們看清視野被遮蔽之處，無論是因為欺騙，或是我們自身不必要的限制性信念所致的盲目。

我們可以請求麥達昶協助我們，在管道連結靈性智慧方面變得更為純淨（如果這是我們此生需要做出的表達）。當我們想理解生命的神聖計劃和目的，或者需要解讀靈性指引的協助，麥達昶能幫助我們與內心更為調和，與內在的神聖臨在更為親近，讓我們感覺自己能與慈愛的智慧進行有意識的交流。

據稱麥達昶在神聖的寶座上統治，是僅次於上帝的天上攝政者。祂並未試圖篡奪神聖造物主的角色，而是得到充分的信任，能極為接近造物主，卻依然接受自己的道路。麥達昶可以教導我們，如何親自、直接地與神聖能量連結，卻不陷入將自身與神聖能量混為一談的陷阱。祂可以幫助我們擁有內在的神聖之光，同時保持開放，接受更大的導引光芒來幫助我們成長。

這一點非常重要，因為當我們覺得已知悉一切，相信自己確切知道需要什麼、何時需要與為何需要時，我們就開始崇尚自身的觀點，不再對更高的神聖指引保持開放。在這樣的愚昧中，我們自我封閉，將自身隔絕於充滿無限可能性的神聖創造力之外。而我已然理解，如果我不干涉宇宙的運行，讓它為我的生活帶來祝福，並且不讓自己過度執著於對生活的好或壞的看法，許多奇妙的事情就會發生。麥達昶提醒我們，要持續接近創造性的神聖力量，而非只侷限於有限的人類觀點。

這就是神聖幾何符號「麥達昶立方體」（Metatron's Cube）可派上用場之處。神聖幾何學是認知到，幾何形狀可作為符號來解鎖療癒能量，協助我們轉化為更有愛、更健康與更自由的狀態。麥達昶立方體是多種神聖幾何形狀組合而成的細緻圖案，是通往深層智慧和療癒的靈性「萬能鑰匙」。據信它代表創造的基礎，包含了十三個圓圈，這對神聖女性與顯化的藝術而言，是神聖的數字。凝視麥達昶立方體可以觸發深層的內在知曉與和諧，即使我們不明白這是如何或為何發生的。

麥達昶能幫助我們，以和諧一致於神聖陰性智慧的方式，實現我們內在的夢想和願景。這意味著，隨著我們成長、療癒及示現靈魂之光，我們也在幫助其他一切生命。這是一份美麗的禮物，確保我們所得的豐盛，能使所有人都獲益。佛教的說法是，向宇宙請求我們想要的事物，但總是以這句話作結：「願能為一切眾生的靈性利益，顯化此願。」

最後，據說麥達昶曾是一個名為以諾（Enoch）的人類，在成為天使後便改了名字。無論這個說法是否令你產生共鳴，但其中可提取出一些有益的觀點，也就是人類有潛力成為真正的神聖存有。這並非否認我們的人性、或試圖「超越」它來實現此事，而是透過擁抱人生的旅程，並在此過程中培養內在的光明。麥達昶可以協助我們發揮最好的一面。

聖德芬 Sandalphon

據說聖德芬是麥達昶的天使孿生兄弟，在成為天使前，祂也曾是人類。而大天使聖德芬的神性光芒非常明亮，因此祂必須以黑暗籠罩自己，人類才能與之連結，而不至於難以承受。這有點像是我們無法直視太陽，因為它實在太亮了；但若有少許雲層遮蔽，我們便能輕易感受到它在空中。（甚至能直接看著它！）

聖德芬提醒我們，生活中的天使有時可能會隱藏起來。祂的智慧教導之一是，神可能隱藏於眾目睽睽之下，以微小但重要的方式幫助我們，即使在那當下我們並未意識到。我知道在我的生活中，有很多次是在回顧一連串事件時，我才發現有深刻的靈性協助在看顧著我。

在猶太神祕的卡巴拉（Kabbalah）教導中，聖德芬與生命之樹（Tree of Life）的根部相關。根據我自己與祂的經驗，我總是直覺地將聖德芬與位於我們腳下的地球之星脈輪（earth star chakra）聯繫在一起，此脈輪可以幫助我們的靈魂與地球連結，進行我們的人類旅程；而麥達昶則與我們頭頂上方的靈魂之星脈輪（soul star chakra）相關，此脈輪協助我們的人類自我與較高自我或靈魂整合。這些天使存有幫助我們平衡並整合自身的靈性及物質自我，讓我們能作為人類成長，並實現我們的神聖使命——即表達最真實、最本質的自我。聖德芬是生命之樹的根源，祂可以協助我們確認什麼能滋養自身，教導我們好好地紮根立足，以獲得力量，並感覺與我們的人生道路有著堅定無比的連結，即使生活有時變得有些混亂——就像一棵根基強健的樹，即使遇到強風會彎曲樹枝，但還是能牢牢紮根於大地，堅守自身的位置。

有時候，就如同麥達昶，有人說聖德芬擁有「光雲」（Shekinah），這是猶太教表示神聖臨在的詞語。光雲是一種神聖女性的能量，與靈性之光的顯化和表達有關，我相信這兩位天使與光雲的結合，是因為祂們都掌握人類顯化的關鍵——靈魂之星和地球之星，也就是我們的靈性本質和物質本質。聖德芬和麥達昶的任務，都與將靈性之光具象化緊密相關，而這只能透過靈性與物質的結合方能完成，不能否定任何一方，也不能只崇拜其一，而是要同時熱愛與尊重兩者。當我們與聖德芬、麥達昶連結，或同時與兩者連結時，將產生一種深層的、由靈魂驅動的目的，也就是顯化一個對人類有益的靈性奉獻。

聖德芬被譽為戰士、守護者和指導者。我個人認為，祂的引導對於那些感覺自己不被理解、或未完全被看見的人格外有益，這些人需要隱藏自己的光芒一段時間，因為他們需要克服過去因為做自己，而被評判、嘲笑、拋棄或忽視所致的創傷。

聖德芬有時被稱為「輪子」（The Wheel），這是基於《舊約聖經·以西結書》中描述的輪中之輪形象。輪子是強大的象徵，它能使事物移動，且通常非常迅速。當我們感受到與聖德芬之間的靈魂連結時，我們可以確信生命中的某些事物正在或即將開始迅速運轉。

聖德芬與音樂、祈禱、聲音療癒、覺醒以及我們的聲音相關。如果你深受啟發，想透過音樂來分享自己的聲音（例如作曲家、歌手、音樂治療師、詩人、作家或演說家等角色），那麼一個美好的祈禱練習，就是請求大天使加百列和大天使聖德芬祝福、療癒並賦予你的聲音力量，使你能夠最佳的實現你的神聖命運，為眾生帶來靈性的益處。

聖德芬還有一項外貌特徵。據說祂身材極高，可以頭頂天、腳踩地。你是否曾見過參天古樹？當你站在樹下，倚著它覆滿粗糙樹皮的樹幹，想仰望天空時，一抬頭卻驚嘆不已地發現自己竟然無法看見樹頂！我在塔斯馬尼亞看過那樣的樹。我記得當時感受到的，它純粹的壯麗、古老和巨大。相較之下，我感覺自己很渺小。但這並非認為自己不好或不重要，只是意識到有更龐大、更強大、更具保護性且充滿愛的存在，讓人們在需要時可以依靠。這讓人感到安全。作為人類，我們似乎相信自己能肩負起整個世界，同時又覺得自己如此渺小且微不足道，以至於我們所做的一切似乎都無關緊要。

每當有人質疑一個人能做多少事情時，我總會想起達賴喇嘛的教導。他說，如果你認為自己太過渺小而無法有所作為，那就試試和蚊子一起在帳篷裡睡覺吧！所以，我們找到了行動的勇氣，並依靠更偉大的靈性本源來指引和協助我們。這就是在我們的渺小和偉大中看見最好的一面，而不是讓這兩種特質成為難以承受的負擔！

薩基爾 Tzadkiel

大天使薩基爾擁有對人類而言十分重要的神聖能量——寬恕、自由、慈悲和善意。這些慷慨的特質不只是給他人的禮物，也是給自己的禮物。佛陀教導我們，懷恨在心、拒絕原諒他人，就像是你喝下一杯毒藥，卻期望他人遭受毒害。寬恕不僅僅是基於理解每個人都在盡力而為、每個人也都有自己的問題需要解決的慈悲之舉，也是一種從過去中徹底解放自我的激進行為！

對所有盡力而為的人抱持同情心（即使有時他們的盡力，無法盡如人意），如此能讓我們在成長的過程中相互鼓勵與支持。但這不代表我們必須接受不良行為。薩基爾也帶來了自由——這意味著選擇如何生活的自由、相互尊重與包容、去愛但也能自在放手，心中懷抱著最美好的祝願，同時對我們想要的生活做出明確的抉擇。而這也意味著，原諒自己所犯的任何錯誤。（與其稱之為錯誤，我喜歡稱它們為「學習的機會」。）

如果你難以原諒自己或他人，並且希望從怨恨、憤怒、失望和恐懼的痛苦中解脫，那麼你可以召喚大天使薩基爾（或許也可以召喚大天使加百列）來進行深層的情感療癒。

如果你正在努力擺脫負面的模式或情境、艱難且充滿挑戰的過去，或者處於任何形式的困境，你都可以召喚大天使薩基爾（或是大天使麥可）協助你找到清晰的道路，學習任何你需要學習的事情，放下，然後前進。

薩基爾與紫色相關，喜歡這個顏色或對此感知到強烈吸引的人，可以從祂的幫助中獲益，包括處理悲傷和失去、加深靈性的理解，並接受生命的奧祕。在色彩心理學及療癒中，紫色與穿越悲傷的淨化和療癒相關，讓我們能放下，並以平靜的心態繼續前行。紫色也與靈性覺醒有關，我們能在靈魂層面獲得更高的理解，知道自己可以從生命的挑戰中學到什麼。

在儀式魔法（ceremonial magic）中，薩基爾可以對應到木星。木星的能量就像是一隻巨大的、快樂的黃金獵犬，牠在公園裡奔向你，興奮地舔你的臉。木星帶來幸運，並傾向於放大事物——無論是好是壞。所以，當你進行任何靈性工作時，或只是想著大天使、閱讀有關祂們特質的資料，也試著在心中帶上一些感激，也許是對於能讀到這本書的感激，也因為擁有閱讀書籍的自由和能力而心懷感激。這並非人人都有的權利，擁有這樣的自由是極大的祝福。

或許甚至可以花點時間，將愛與大天使薩基爾的慈悲和寬恕，送給所有需要更多的自由來思考及自我培育的眾生。在我們的世界中，有許多破碎和疲憊的靈魂可以從這樣簡單的善舉中受益。美妙之處在於，正如業力法則的諺語所說，善有善報，惡有惡報；種瓜得瓜，種豆得豆。你會發現，這樣一個簡單為他人祈禱的善舉，將使你更容易吸引到你所需要的支持。

卡麥爾 Camael

卡麥爾是力量，祂的名字意為「上帝復活」。這對你我來說意味著什麼呢？這代表靈魂具有力量；當心靈想沉溺在負面情緒並避免走上道路時，仍擁有克服挑戰的能力。當我們召喚這位天使，或被祂的名字吸引時，我們正與希望和神聖勝利的特質產生共鳴——無論路途上有什麼障礙，我們清楚知道，在穿越它的過程中，我們會變得更強大、更有智慧；最終，我們將實現最深的神聖成就，為所有眾生帶來靈性的益處。這是既美好又堅韌的態度，值得我們在生活中培養！

卡麥爾通常被描繪成手持權杖，有時是一把劍，也常常是拿著一個聖杯或金杯的形象。這些工具的象徵意義，有助於我們理解祂所分享的力量。權杖代表權威，象徵著被聽見的權利、發聲的權利、挺身而出的權利，以及宣示自身空間的權利。這樣的行為不必然是侵略性的，一個人可以溫柔但堅定的表達自己的立場。當你相信自己有權以某種方式生活，你就會直接去做，而不論他人的意見如何。

劍象徵著清晰地看見、切斷阻力，並強化我們自由意志和靈魂的力量。劍也可以象徵我們願意為了確保成功而戰鬥。靈性的戰鬥從來不是針對人類，而是對抗那些透過人類運作並遮蔽靈魂之光的負面力量。那些力量存在於我們自己或他人之中，例如憎恨、恐懼、貪婪和否認真理。如果我們選擇成為這些負面力量的一部分，就無法與之對抗。即使試圖取勝，最終也只會失敗！例如，如果我們充滿仇恨與恐懼，就會失去與內在靈性力量的連結，這些力量包括愛、樂觀以及願意連結自身神聖心之聖殿的意願；正是這些力量賦予我們在物質世界中採取必要行動的能力。

我們的內心指引可能是優先安排時間定期冥想；與某人進行堅定而尊重的對話；與有害的環境斷絕關係；或者在困惑時，以堅信的心祈求靈性智慧和覺知。當我們以這種方式成為靈性戰士時，我們即扎根於愛與和平，並透過選擇自身的存在形式與生活方式，直面與內在的靈性智慧並不相符的世界。

卡麥爾靈性之劍的教導也包含這樣的理解：如果我們感到精疲力竭、充滿絕望、缺乏喜悅，或者不再從我們的道路中獲得滋養，那麼我們需要退一步，重組、修復並自我恢復。我們有智慧辨別何時該撤退，何時該準備好帶著全新的熱情重新前進。我們不怕切斷負面的影響，並花時間從內在自我強化。卡麥爾可以幫助我們，找到應對負面情況最有效的靈性策略和方法，我們可以透過智慧與洞察力——而非而侵略或武力——來克服它們。

聖杯或金杯是靈魂的強大象徵。它代表我們的內在智慧，以及接受祝福和靈性滋養的能力，吸引著真正能滋養並恢復我們的一切事物。當我們走在靈魂的真實道路上，接受祝福就變得更加容易。這是因為我們不再於自己和宇宙間設立障礙，我們更開放並接受自己的本來面目，因而能更自然地接收祝福。就像那些沒有防禦性地把雙手抱胸的人，要想把禮物、擁抱送給他們，或是想和他們擊掌，都會容易得多。如果有必要，這樣的人也更容易舉起手來阻擋不必要的能量。

大天使卡麥爾協助我們進入神性的資源海洋，讓我們獲得更新心靈、肉身和靈魂所需的一切；同時也讓我們意識到，我們可以得到保護與適當的防護，不需要將自己隔絕起來。我們越是開放和真實，宇宙就越容易協助我們。卡麥爾幫助那些需要靈性力量的人——讓他們知道，無論表面看來如何，當某事註定要發生，它就會發生。我們心中可能渴望著它，儘管頭腦懷疑它能否實現，但當我們信任屬於自己的道路，並呼求神聖的幫助時，我們將會採取所需的步驟。我們會擁有耐心、勇氣和智慧，明白所有事情都有其時機。我們不會放棄，我們會成功。所有眾生都將從這樣的成功之中獲得靈性的益處。阿們！

約菲爾 Jophiel

約菲爾的名字意為「神聖的美麗」。這絕不是對外表的膚淺迷戀。神聖的美麗是一種療癒的品質，是當我們於內在層次遇見真正美麗的事物時的體驗。這可以是無條件的愛，一種沒有特定益處，只為了給予而從事的善行；或是目睹某件美麗的事物（例如大自然的景色），並允許自己的靈魂因而提升。

人類和美有種奇怪的關係，我們渴望它，卻因這種渴望感到內疚，批評自己膚淺，然後別無選擇，只能否認對美的需求（從而斷絕生活中一個潛在的快樂與喜悅來源），或是沉迷其中，並變得虛榮或不滿（或兩者兼有——虛榮和不滿往往相伴而生）。

如果我們能追尋真正的美，即那種能在更深層次上滋養我們的美，我們就可以運用美的和諧來舒緩神經系統，並找到力量以應對人性和生活陰暗面的醜陋。美麗是一種藥物，能帶來平靜、協助我們療癒內心、喚醒神聖體驗，並激發我們將真正美麗的神聖能量融入心靈、生活及整個世界，以造福大眾。我們不必否認黑暗面，而是選擇透過肯定那些在靈性上美麗和療癒的事物來回應它。

在蘇非傳統（Sufi，伊斯蘭教的神秘派別）中有一個故事，敘述第一個註定成為人類的靈魂，因為太喜歡作為靈魂的自由，所以拒絕進入肉身。這個靈魂意識到，作為人類會與愛好自由的靈魂不同。人類將遇到挑戰和痛苦，當然，也會有很多靈性上的進展，但要達到那個境界要付出很大的努力！故事繼續發展，音樂天使演奏出美妙的旋律，讓這個靈魂忍不住想跳舞，但為了跳舞，它必須進入肉身。這個美妙（即使有點狡猾！）的故事告訴我們，神聖之美存在於我們的生活中，例如藝術、顏色、音樂、精油、水晶、大自然等。這種神聖的美麗能幫助我們擁抱生命體驗，並真正充滿熱情地擁抱生活。

如果你想發現內在的美，看見自己作為人類的美，療癒身體恥辱或自我憎恨，療癒自我價值問題，連結你的藝術和創造能力以表達自我，或者清理這世上已被污染之處（包括你自身心靈中的負面和醜陋），你可以開始呼求大天使約菲爾，透過你來恢復自然之美。

一旦我們選擇某個心懷感恩的事物，並專注於此，我們便能迅速觸及神聖之美。我們的能量場將變得柔和而敞開。我們與自身的真實本質校準——和平、愛和善良。而這三項特質無疑是美麗的！

在美國原住民納瓦荷族（Navajo）的「美之道」（The Beauty Way）傳統中有一種理解，即當一個人帶著對周圍之美的認識行走時，便開始體現美、散發美、將美植根於大地，這是一種神聖的服務行為。約菲爾可以幫助那些與美產生共鳴的人——藝術家、音樂家、設計師、易感者、園丁、療癒者、詩人、表演藝術家等等——以一種能帶給所有人療癒和非常真誠的方式，連結、體現並分享美。

漢尼爾 Hanael

漢尼爾代表神聖的喜樂和幸福。祂的名字源自希伯來語，意為「神聖的恩典」。祂與金星有關，雖然我們通常將金星視為愛的女神，但金星的能量還有更深層的神秘意涵。

在遠古智慧的神秘學校（Mystery Schools of Ancient Wisdom）中，金星被視為地球的靈性姐姐。她掌握提升頻率的鑰匙，能幫助人們從基於恐懼的現實，轉變為基於愛的現實。

在這個星球上，有一些靈魂與金星的能量深深共鳴，儘管他們注定要出現在地球上。他們是天生高頻的靈魂，可能難以適應這個星球的密度和負面性。他們有特殊的目的，即散發更高振動頻率的光，以促進人類集體意識的轉變。我們的地球需要這種轉變，才能確保人類學會如何成長並滋養生命，而非在不理解生命的珍貴和應當被保護的情況下，濫用與剝削生命的禮物。

這些與金星共鳴的靈魂，在漢尼爾的照顧下成為神聖的兒女，比起大多數人，他們對負面能量更為敏感。他們能感知其他人經常忽略的事情，受負面影響的程度也更深。他們無法理解殘忍，人性的陰暗面常令他們徹底困惑。對環境的破壞尤其令他們心碎，他們想知道該如何應對人類的行為。因為肯定得做點什麼吧？

這些以人類形態呈現的美麗光明存有，得到了漢尼爾的特別照顧。祂幫助他們運用自身的高度感受性，以使其成為力量，而非困擾。透過學習調諧神聖之光、靈性能量以及與地球母親的神聖連結，這些特殊的靈魂發現了他們所需的幸福、光明和恩典，這讓他們能接受自己在這個世界上的道路，並願意閃耀光芒以實現其目的。他們學會如何透過尋求美麗的神聖存有（如天使、靈性指引和女神）的精微能量來定期滋養，以發揮易感特質的最佳效益。他們還受益於星辰與水晶的光芒和療癒智慧。他們的高度感受性，雖然使他們難以面對負面事物；但正是這種感受性，使他們能感覺並受到這些美麗神聖能量的積極影響。

對這樣的靈魂來說，召喚漢尼爾和約菲爾是美妙的組合；它能把對所有能量的易感度與神聖之美連結在一起。這些珍貴而易感的心靈在與神聖連結時，具有極度幸福的狂喜能力，他們能感受到其他人可能忽略的事物。只需經歷一瞬間真正與神聖連結的非凡美麗和療癒力量，就能意識到靈敏易感是極有價值的稀有天賦，即使它會在自我照顧時帶來更多複雜性和挑戰。

即便你不認為自己是個高度敏感的人，漢尼爾還是會在你需要神聖恩典時，隨時在你身旁。我的學生有時會問我如何定義「恩典」，我經常以奇蹟的定義來解釋恩典：當我們不知道事情會如何發生、也不確定自己是否配得時，符合我們最大利益的事卻發生了，這些事件背後無形的原因就是「恩典」！

漢尼爾知道，當我們對恩典保持敞開，我們便能在靈性層面迅速療癒和成長。我們放下舊有的羞恥、罪惡感和責備；取而代之的是獲得自愛、自信和希望，我們需要信任愛、光明與智慧的力量。我們盡最大努力，以自然且正確的方式，將這些分享給世界。大天使漢尼爾知道，這對地球上的一切生靈都有益。所以當你想追尋恩典，就選擇漢尼爾吧！願所有準備好接受這種祝福的心靈，都能以勇氣和信心敞開並全然地接納。

拉貴爾 Raguel

拉貴爾是正義和公平的大天使，也是為我們的思想與心靈帶來和平的天使。當我們最終不再想著要糾正每一個錯誤，也不再想著要讓他人為自己對我們做出（或沒做）的事付出代價時，我們便把自己置於一個非常強大的位置，也就是能自由地按自己的意願過生活。我們相信宇宙、業力和大天使拉貴爾會處理好其他事情。

想像一下，如果你不再需要憂慮那些待人以惡者似乎可以逃脫因果懲罰，你的心靈和思緒會是多麼自由。對所有生命有慈悲心是好的，即使是那些看似可怕、並造成巨大傷害的人，因為你永遠不會真正知道他們的靈魂內在發生了什麼事，正在學習什麼，以及當時正在開展的、更偉大的計畫是什麼。

正如我之前在本書提到的，我們要小心，不要將我們作為人類應該承擔的選擇及其後果歸咎於神聖存有。但我們可以相信，即使是人類創造出的極巨大混亂，神也有大能，可以找到方法將其轉變為智慧和療癒的教導，只要我們學會信任靈性的路徑。這首先需要信任自己的內心，並願意讓宇宙照看其他人的道路，如此你就能專注於自身，繼續完成你在此生應盡之事。對某些人而言，這是解脫；但對其他人來說，卻是挑戰。因為我們可能會擔心，如果我們不經常提醒他人另一種觀點、或告訴他們該怎麼做，他們可能會陷入困境或忘記我們。在這種情況下，你必須做出決定：相信你的恐懼，或是，相信天使！如果你選擇後者，對所有相關人而言，事情往往能有更好的進展。

如果你曾深深地被傷害且難以釋懷，尤其當誤解你的人或群體大為興盛，而你卻不公平地受苦時，你可以召喚拉貴爾、薩基爾和漢尼爾的協助，讓你相信無人可自外於業力，因而你能寬恕、甚至對背叛你信任的人心懷慈悲。隨著你的心靈痊癒，也將有巨大的幸福等待著你。另有一種說法是，活得好就是最好的報復；如果你需要以此為動力，不妨就這麼做吧。但以我而言，我更喜歡享受內心的快樂，而不是對某人心懷憤怒，所以我會盡力處理，盡快往前邁進。寬恕可能是最大的挑戰之一，但當我們知道寬恕能使我們擺脫憎恨的束縛，並讓所有涉入其中的人都能得到靈性成長時，它便成了我們奔向而非抗拒的事物。

天使愛著我們，祂們理解身而為人有多麼困難，而天使總是能幫助我們——這樣的知曉，能讓我們在靈性道路上遭遇諸多困難時倍感安慰。我也喜歡提醒自己，當面臨重大挑戰時，這代表宇宙對我們投下了信任票，認為我們必能應對（即使當下我們懷疑自己的能力）。當一個靈魂顯現出巨大的靈性潛能，而神知道這個靈魂將來有望成為偉大的靈魂，並在適當的時候幫助許多人時，有時便會出現艱難的課題。這樣想吧：一個更有能力的學生，將被指派更難解的問題。記住，這些艱難的課題只是暫時的，最終會帶來更多的恩典與自由，並不是你做錯了什麼。

拉貴爾能幫助你認知到，即使是在艱難的時期，你依然擁有許多的愛與支持；而你作為美麗的神聖存有，備受鼓勵與讚賞，你在靈性道路上取得了特殊的進展。拉貴爾能協助我們相信，我們不會永遠被否定的，而當我們經歷挑戰，最終可能會有一些有益於我們的事物浮現。拉貴爾可以讓我們記得，光輝的時刻終將到來，我們會因為在療癒之路上所承受的一切而得到回報。祂提醒我們可以信任宇宙。

耶胡迪爾 Jeghudiel

耶胡迪爾是勤奮工作者的守護天使！你可能會覺得自己工作不夠努力，如果你對自己太苛刻，這位美麗的天使會幫助你享受辛勤工作的果實。但如果你在逃避勞動，祂會揮動鞭子（有時祂的畫像真的手持鞭子），讓你動起來！祂經常握著的另一件物品是皇冠，這象徵著你的努力終將得到回報的寬慰。

如果你有宏大的夢想與大膽的願景，要想看見結果顯現，可能需要做大量的基礎工作；尤其當你想引入這個世界的事物，與現存事物截然不同。比起沿著他人開拓的道路前行，開闢自己的道路需要更多努力（但也有更多自由、責任、愉悅和個人成長）。持續走在這條道路上需要勇氣，需要自信和靈性的信仰，尤其身旁的人們會給你各種（無用的）建議，例如：「如果它註定要發生，那早就發生了！」或是：「你為什麼不加入現實世界？」

若你想從事實現更高使命和目標的工作，但還不確定那是什麼，大天使耶胡迪爾可以幫助你找到正確的道路，以確保你知道自己必須做什麼，並獲得成功的結果。我們通常會知道自己走在正確的道路上，因為我們願意為了實現它付出耐心、時間、金錢、愛、奉獻、信仰、以及保護它使其遠離負面影響；同時也有超然的態度，使靈魂能隨著時間推移修訂並完善計畫，以實現最大的滿足和神聖的成功。如果這件事對我們來說毫不重要，我們不會願意付出這麼多努力。

如果你希望獲得清晰的指引以理解你的人生道路，希望獲得協助以實踐你的靈性熱忱，希望有勇氣堅持到底、直到成功全然顯化，你可以召喚大天使耶胡迪爾、麥達昶和加百列。如果你想在喜悅的狀態下顯化這一切，或許可以再加上漢尼爾。

如果你精疲力竭，需要神聖的助力來完成一項計畫，可以召喚耶胡迪爾，祂會支持並鼓勵你，幫助你找到完成神聖任務所需的最後一絲決心和意志力。

對於喜愛新想法帶來的新鮮感、但卻難以將這些創意付諸實現的拖延者來說（這往往比預期需要更多的努力），耶胡迪爾將協助你召喚所需的能量，以顯化你的光芒。世界能因美麗、滋養的創造而繁榮；有了那些能發展出力量、勇氣和紀律，致力完成生命中神聖任務的人類，許多生物也因此受益。這樣的人們能成為其他人的靈感來源，也是樂觀與鼓舞的泉源。呼請這位親愛的天使能幫助我們所有人，即使你認為自己只不過是請求協助，好讓你能開始寫書，或報名參加歌唱課、瑜伽課或舞蹈課程。

親愛的耶胡迪爾，願那些尚未被唱誦的心靈之歌，能吸引到使其顯化所需的祝福與支持，以造福一切眾生！如願所行。

巴拉基勒 Barachiel

大天使巴拉基勒通常被描繪為手持玫瑰或揚灑玫瑰花瓣的形象。作為神聖祝福的天使，這象徵著祂以豐盛而慷慨的方式散播祝福。玫瑰是神聖的象徵，代表愛、神性、宇宙母親與神聖心靈；它也代表靈魂歷經成長過程的能力，保護自身免於干擾，綻放燦爛的美麗，為這個世界帶來療癒。

據傳巴拉基勒是所有守護天使之首，因此如果你或你所支持的人，想與他們的守護天使連結（或者你想指派一位守護天使給某個人、某個地方或需要幫助的動物），你可以請求大天使巴拉基勒協助此一過程。

請記住，無論何時當你代表他人行動，都必須尊重和敬重他們的自由意志。你仍然可以為那個人祈禱，但最好以不試圖操控他人處境的方式進行。明智的做法是記住，為某人的最高善祈求祝福，與試圖控制他們的生活之間有很大的區別。即使是試圖控制我們自己的生活，也經常難以達成目標。有時我們曾經認為災難之事，最後卻成了偽裝的祝福，反而為我們避開生活中的干擾，並為日後更偉大的事物做好準備。我也曾有這樣的經驗，儘管信任神聖祝福的神祕運作並不總是容易，但我確知神是完全值得信賴的。如果我們能練習信任，這條路就會輕鬆一些。

呼喚巴拉基勒不只需要重複祂的名字，還需要足夠的信任，願意懷抱希望敞開我們的心。有人說，希望是危險且不切實際的，它會創造虛假的樂觀。但我相信，如果我們想過著與神聖和神性相連的生活，並顯化我們的潛力，希望是必不可少的品質。希望使我們能穿越那些看似對我們不利的體驗，憑藉著智慧，在這些經歷中增長光明與力量，最終我們才能從中受益。我們知道下一次要採取哪些不同的做法，也因為意識到即使在挑戰中也能找到出路，我們更加無畏。在此無畏之中，我們變得柔軟，我們更為開放。在開放中，我們更易於接受祝福。我們不會封閉自己，而是敞開心扉。當我們願意敞開，而不再恐懼地控制和操縱時，就能接受巴拉基勒豐盛的祝福。我們成為這世上更明亮的光，幫助他人找到方向。這是有益於一切眾生的祝福。

如果你想改變總是在掙扎奮鬥的狀態，並準備好以柔軟、恩典和祝福來平衡這些艱難，那麼請求巴拉基勒以神聖母親的恩典玫瑰來祝福你，這是一個美麗的祈禱。你可以想像、感受或假裝最美麗的玫瑰花瓣從天空中的神聖玫瑰飄落，在宇宙神聖之心的中央展開，輕輕地飄進你的靈魂。放鬆，接受這一切，相信未來的一切。

Chapter 4

Simple Practices to Connect with Angels

與天使建立連結的簡單練習

要與任何天使建立連結，最簡單的方式就是說出祂們的名字，這是一種召喚或請求天使的方法。如果你能帶著心中的愛說出名字，那就更好了。你可能會在這過程中感到一陣顫動，也可能完全沒有感覺，但只需說出名字就已足夠。即使看起來沒有太大作用，但它確實有效。

如果你曾在腦海中不斷播放某首廣告歌曲，你就會知道只要聽的次數夠多，最終它會滲入你的潛意識，停留在那裡。它將在潛意識層面產生影響，也許這種影響是讓你在超市裡不自覺地選擇某個品牌。當涉及天使之名，效果則更為崇高。你會更頻繁地對準較高的頻率，更經常地感受到心中的平靜和神聖之美。你越常說出天使的名字，就越能感受到祂們的能量，並加強祂們在你心中、生活中以及我們這個世界裡的存在感。你與神聖領域之間的距離感與斷裂感減少了。你會覺得與天使更親近了，祂們似乎在你的人生中更加活躍。一段偉大、美麗、療癒且轉化的神聖友誼就此展開！

這是廣告如此成功的原因之一，贏得注意力就成功了一半。這是為什麼肯定語句——如果持續使用——能重新組織我們的思維。我們的思想能以積極的方式變成自我實現的預言。當你正向思考，你的行為會有所不同；當你想著天使的神聖能量，你的能量也將散發出美麗的光，這會吸引類似的頻率進入你的世界，自然地屏蔽並保護你免受無益的事物影響。

如果你身處戲劇化的情境，例如駕駛途中目睹一起事故，此時心中充滿愛地呼喊「麥可！」（舉例），就足將天使的能量傳遞到那個情況中。與天使一同創造療癒能量非常簡單。祂們想要幫助人類，但因為我們擁有自由意志，祂們必須等待我們提出請求方能介入。我們要求的越多，天使就能在我們的世界中施展更多的神聖魔法。

明確地說，不只天使需要尊重自由意志，作為人類，我們也要盡力尊重他人的自由意志。這有時很難，因為我們可能會認為對我們而言正確的事情，對其他人也必然如此。不幸的是，戰爭就是這樣開始的！請記住，雖然你可以分享有關天使的思想和經驗，你也可以請求天使幫助他人，但最終是否願意接受協助，則取決於他們自身。自由意志的力量，是關於一個人（以及你和我）可以如何在靈性上學習與成長。所以請儘管向天使祈禱以協助一切生靈，包括動物、植物和地球。我們需要更多這樣的祈禱！但也要知道，其他人總是有權根據自己的自由意志，選擇是否接受天使的幫助。這是作為人類的禮物——有時也是挑戰。

本章將引導你透過簡單的方法與天使連結。

祈禱

祈禱聽起來可能很宗教化，也令人望而生畏，但事實並非如此。我經常祈禱，但我走在靈性的道途上，而非宗教信仰的路徑。我承認有些人適合宗教的路徑，有些人則不適合。有人認為靈性的道途與宗教的路徑可以很好地結合；其他人，像我自己，則覺得這有些侷限性。在此生，我最初是由宗教的路徑開始的，但後來發現對我而言，轉向不受教義束縛的靈性道路，能使我的旅程更為深入。找到真正尊重自己內心並對你而言真實的道路，將帶給你最大的幸福感，同時在你的內在創造出最多的光……最終這將使每個人都受益！

祈禱可以很簡單，像是「麥可，請幫助我」；或者你可以和宇宙展開深入的對話，傾吐你的心聲，尋求幫助；也可以選擇介於兩者之間的形式。

早晨的美好祈禱可以是：

我召喚無條件愛我的天使們，請以一切形式保護、指引並協助我，讓我今天能成功地實現我神聖的人生目標，並時刻感受內在和周圍的神聖之愛。願這份神聖之愛如陽光般由我身上煥發，為一切帶來療癒與祝福。

晚間的祈禱可能是：

我召喚無條件愛我的天使們，請在我睡眠時保護、指引並教導我，使我能在靈性上療癒與成長，尋得關於所有一切問題的智慧和解決之道，並為了所有人的最高善增強我內在的靈性之光。我感激過去的一切，並平靜地放下。願我醒來時神清氣爽、身心療癒，準備迎接新一天的禮物。

我們可以連結到神聖的資源，但這需要臣服。真正的放下與假裝放下之間的差異，將顯現於你的感受，以及內在與外在世界因此而發生或未發生的事。當我們臣服，即使情況尚未改變，我們也將更為平靜。臣服讓我們的心靈與思想開始療癒，而外在世界的改變則依隨神聖智慧與神聖時機而發生。

寫信給天使

寫信給你的天使是一種美麗的形式，能幫助你觸及自己的內心，並釐清自己真正的感受。這也是與天使溝通的好方法！寫信在本質上就像是寫下你的祈禱，如果你喜歡寫作，或想透過寫作提升表達自我的能力，那麼這是個發掘內在潛藏才華的美好方式。

如果你願意，可以將這些信件寫在日記上，也可以寫在單獨的紙上。你可以把它們變成藝術品，在上面畫畫（你的祕密信件就像召喚天使的神祕祈禱和魔法咒語，隱藏在你的藝術之中）。你可以尋找特殊的紙張和筆，或者就只是以非常簡單的紙筆來寫信。

若是寫在日記裡，就不必擔心怎麼處理。如果寫在單獨的紙上，可以把它們存放在特殊的地方，或是燒掉並處理好灰燼（要小心！）；或撕成碎片後丟進垃圾桶，象徵你已經放下所有一切，如此祈禱的回應才會出現。

你應該在信中寫些什麼呢？你可以用「親愛的守護天使」或「親愛的大天使拉斐爾」來起頭。

然後，就可以寫下你心中的一切了。即使你不確定如何開始，有時寫作的過程其實可以幫助我們調整，並連結到更深層次的內心感受。

請記住，雖然可以表達因他人或無法控制的情況而造成的痛苦，但你或天使都不能剝奪人類的自由意志，讓其他人按照你所想的方式行事。因此，表達你的痛苦，承認你的傷害，然後詢問天使自己能如何得到療癒、如何在自己的道路上獲得幫助，讓你的生活充滿更多的慷慨、喜悅和恩典。

現在是時候來點有趣的轉折了！你要寫一封假想的天使回信。先不要想著「我做不到」，或「那只是假裝的，不是真的」，請允許自己放下這些評判。我做這項工作已經許多年了，但仍驚訝於在我們的內心和靈性世界中，能提供那麼多清晰、誠實和有益的智慧。當你選擇用一種遊戲般的態度，擺脫批判心態的限制和恐懼時，調頻校準到這些智慧其實比你想像中更容易許多。

即使你回信的內容有百分之九十有點可笑，你可能還是會發現其中有些字句確實觸動了你。有時你需要等待一兩週，再回來重新閱讀一次，你會注意到事實上有更多句子比你最初認為的更有幫助，且蘊含療癒的智慧。

不要拘泥於你認為天使會使用的詞彙，也不要執著於寫一封很華麗的回信。天使們可以透過顏色、感受、圖像和正向的情感觸發來表達自己，所以你甚至可能發現，自己在回信中提到了希望的彩虹與金色的光芒撫慰了你的心靈。或者，它可能只是一封非常簡單的信，寫著：「原諒自己。是時候迎接新的事物了。」或者：「保持希望。我與你同在，一切都會好起來的。」當我對某些事情感到困惑時，後者通常是我一次又一次收到的回答。不論情況如何，最終總會有解決之道。

如果你覺得靈感來了，可以試試看。如果你只想做這個練習的前半部分，要知道你的天使肯定會以一種特別的方式來回應你。這種回應可能是心中的知曉、在世界中感受到的徵兆（例如，一本關於天使的書從書架上掉下來——我曾有過這樣的經歷！），或是一個似乎能療癒你的夢境。要相信你的天使總是會回應你的祈禱——總是如此的。我們的任務是不固著於思考它可能呈現的形式，保持開放和信任，相信一切都會以某種形式自行進展。

建立你自己的天使神聖空間和聖壇

別被「聖壇」這個詞嚇到，它只是一個保存神聖物品的地方，例如美麗的圖畫、花朵、你喜愛的雕像或水晶，也許還有蠟燭。我們將這些東西放在一起，以我們內心感覺美麗的方式排列。當我們懷抱著尊崇慈愛美麗的神聖之心和靈性神聖之光的意圖或感受，並著手佈置的時候，那個物理空間就成為一座聖壇。每次當我們凝視它，都會想起神，它變成一個小小的神殿，一個靈性可以安放之處。

有許多人聲稱他們看見聖母馬利亞。（祂被稱為天使之后，我非常崇拜祂！）在這些視像中，馬利亞經常要求接受者為祂建立聖壇。馬利亞以無條件的心愛護所有生命，這意味著祂就像天使一樣，即使我們不尊崇祂或選擇忽略祂的引導，祂依然愛著我們。所以祂要求聖壇並不是為了使自己開心，而是因為祂知道，當建立起像聖壇這樣的神聖空間時，我們會感覺與神的連結更為緊密，更開放於靈性的引導與協助，它使我們的靈性旅程更為輕鬆和優雅。

你的聖壇可以簡單也可以華麗，可以經常變換，或就只是保持乾淨不變。以神諭卡或羽毛佈置聖壇也很美好。你可以寫一封請求療癒的信給你的天使，然後把信放在聖壇上。

聖壇可以成為活躍的神聖空間，將美麗的靈性能量帶入你的實體空間之中。你的聖壇提供一個機會，讓你能向深愛的神表達並分享你的奉獻。你可以想像它是一封給宇宙的立體情書，就像美麗、健康的花園據說能吸引精靈（或大自然的天使），一個美麗的聖壇也能吸引天堂的天使。它幫助你向神敞開自己的心靈，如此將更易於接收神聖的療癒和祝福，特別是你的天使們可以帶入你生活中的祝福。

請尊重你的聖壇。如果需要，可以蓋上遮布，以免它遭窺視或被髒污的手觸碰。你可以公開且自豪地展現你的靈性旅程，也可以選擇私密和安靜，只要適合自己就好。你的聖壇只關於你與神；它不是為了讓其他人留下深刻印象的展示品。

如果你選擇設置聖壇，也許花點時間，為那些沒有相同靈性自由的人祈禱療癒。地球上仍然有些地方，人們被政府強迫在家中擺放特定圖片，無法自由地實踐他們所選擇的靈性道路。或許你沒有這種狀況，但也可能有些朋友或家人不贊同你的做法。

許多年前，一位正在學習威卡（Wicca；一種以自然為基礎的信仰，奠基於元素、大自然與神聖女性的療癒和賦能特質）的年輕男性，來向我尋求療癒。他有一顆美麗的心，他描述了自己為了表達湧現的靈性信仰而設置的華麗聖壇。我自己也曾經歷探索威卡的階段，我能理解他接觸到的愛與美。令我震驚的是，他的父親在他的臥室裡發現了這個聖壇，便將之摧毀；很可能是出於恐懼和對其意義的誤解。

雖然那是他們得自行解決的因果，但這類情況確實會發生。因此我們迫切需要為一切眾生的靈性自由和其與生俱來的尊嚴能獲尊重，做出善意的祈禱並提供支持。對美麗聖壇簡單地表達感激之情，再加上一段簡短的祈禱，對我們的人類兄弟姐妹會有很大的幫助。禱詞可以是這樣的：「願所有眾生的靈性自由和尊嚴，在神聖恩典中得到保護。阿們。」

發展屬於自己的守護天使練習

如果你願意，你可以就任何你感覺有吸引力的天使建立個人練習，當然，也包括你忠實的守護天使。按照以下指引，加入本書中提及的任何一位天使的名字，無論是取代還是添加在你的守護天使之後。

你無需擔心這麼做會冒犯天使，或讓祂們彼此嫉妒。祂們是擁有無條件之愛的神聖存有，不會像某些人類那樣反應。事實上，天使們會為你獲得神聖的祝福而高興，無論這些祝福是如何到來的。祂們是真正無私的存在。

保護練習

你可以使用這個簡單的練習，為自己、你所愛的人、特定的空間或地點，或甚至是你的個人財產周圍增加一層靈性保護。如果寵物或孩子不在你觸手可及的範圍，而你擔心著他們，你可以用意念向他們發送一個光的泡泡。

閉上眼睛，放鬆幾分鐘，讓自己意識到呼吸的流動。隨著呼吸，你的思緒會開始平靜下來，神經系統也會逐漸放鬆。

當你準備好的時候，把手放在你的心上，想著在生活中令你感激的事物。

接著想像、觀想、感受，或者只是意圖有個美麗的光泡泡包裹著你。它可以是蛋形、橢圓形、圓形，甚至是金字塔形狀，如果你喜歡的話。盡力想像，讓這個光泡泡是完整的——沒有缺口或破損，沒有破洞或薄弱之處。它是一個快樂、強大且均勻的光泡泡，能以任何你喜愛的形狀存在，待在這個泡泡裡感覺真好。

光泡泡的顏色，可以是讓你感覺舒適的任何顏色。你可能想從白光開始，然後再試試紫光或藍光、金光，甚至是帶有金色微粒的綠光，或帶有銀色微粒的藍光。

你可以想像、感受、意圖和／或觀想這些泡泡圍繞著你、你愛的人或你的財產周圍，也可以讓它大到足以包覆你整個住家。

當你準備好的時候，在心中默念或大聲說：「這面光之盾牌，以神聖的愛與靈性祝福保護著我。願愛的天使，尤其是我的守護天使（和／或其他你希望的天使之名）在這個光之泡泡中顯現，並為了最大的善顯化神聖的保護和協助。如願所行。」

留意你在光之泡泡裡的感覺。你可能會開始注意到使用與不使用它的差異；這種差別可能體現在你的感受、自信心、不受負面能量影響的能力，或者是你的一天是否過得更順利的感覺上。

你可以隨時使用這個光的泡泡。你也可以教導孩子或其他人運用這個練習，這絕不會造成任何傷害或問題。

你可以定期「補充」它，讓它變得越來越強。對你而言，這可能是每天早上出門前花幾分鐘做這項練習。在一天中的任何時候，你只需要想著讓你覺得感激的事物，然後想像你的光泡泡強大而充滿愛地包圍著你，就可以增強它。就這麼簡單，而且這確實有效。

與你的天使一起冥想

你可以為自己做這個練習，也可以大聲讀出來，與團體中的其他人分享；甚至可以在孩子睡前與他一起朗讀。你可以自己錄音並反覆聆聽，或大聲朗讀後休息。如果你要與其他人分享，可以從書中朗讀；並請讓你的聲音緩慢且輕柔。

你可以每天做這個練習，或在重大事件前、在壓力時期，或只是當你想更親近美麗且深愛你的天使能量。你越常使用這個練習，你與天使之間有意識的連結就變得越強。這個練習會幫助你發展感知天使存在的能力，這意味著你可能會開始感覺到天使在其他時間與你同在。這是非常美好的感受——愛、安撫、慰藉和鼓勵。這可以提醒我們，雖然人生的選擇是我們自己的，但我們並不孤單。

找一個安靜、寧靜的地方坐下或躺下，所有設備調成靜音，讓干擾的風險降到最低。

讓你的視線變得柔和，如果你願意的話，可以閉上眼睛。注意呼吸的流動，此時你的身體和頭腦會開始平靜且放鬆下來，花一些時間安靜地呼吸。

輕輕將注意力帶到你的心，你可以感受到心中的溫暖。如果有幫助，你可以將一隻手或兩隻手放在心臟，想像一下，你可以把呼吸帶入你的心臟，讓它放鬆，感到敞開與平靜。

想像，或者大聲說出天使的名字，可以只是「天使」這個詞，或是「我的守護天使」，或者是你知道、喜愛且信任的某個天使的名字。放鬆，讓這個名字輕柔地重複幾次，可以在心裡默默地複誦，也可以大聲地說出來。

然後請你觀想、感受、想像，或者簡單地意圖，你能看到內心的靈性空間。你甚至可能會覺得自己正在進入這個心中的靈性空間。這是一個寧靜、平和、充滿愛且開放的空間，你可能會以愛的感覺或其他感覺來體驗這一切。隨著你安頓自己，與心靈連結，你可能會感知到顏色或符號，或就只是注意到自己呼吸的流動。

接著請觀看、感知、感受或意圖，在你的心中有一根美麗的白色羽毛。它從上方飄落，緩慢而輕柔地盤旋下降。你可以跟隨它，看見它在你的心靈空間緩慢而穩定地移動，直到它輕輕地落在你的內在世界。

讓你的心去接受這根羽毛帶來的訊息。這是來自你天使的訊息。一切都會好起來的，我會照顧你，我相信你，你有能力以最適合你的心的方式生活，現在休息吧，我就在你身邊。

放鬆，將注意力放在羽毛、內心的愛、你的天使和你的呼吸上。

當你準備好的時候，讓自己緩慢地回到當下，感受皮膚上的空氣。如果可以的話，輕輕活動你的手指和腳趾。深深地吸一口氣，然後吐氣。讓自己回到此刻，按照你的節奏，睜開雙眼。你可以把手放在心上，確定你剛剛在神聖空間中得到了靈性上的滋養，從而「封存」你的練習。你現在可以回到你的日常了。

使用直觀的天使水晶療癒

天使與水晶，就像「擁抱」與「摯愛」一樣，是密不可分的！

我寫了幾本將特定水晶與神聖存有配對的書籍，這是我的「水晶天使系列」，包括：《水晶天使４４４》（*Crystal Angels 444*）、《水晶星星11.11》、《水晶大師３３３》（*Crystal Masters 333*）和《水晶女神８８８》（*Crystal Goddesses 888*）。歡迎你在這個練習中使用這些組合，這可能代表你需要尋找一顆新的水晶（我總覺得這是非常愉快的「靈性功課」）。但請放心，你也可以簡單地運用你的直覺，將任何感覺適合的天使和水晶配對。如果你已經有一顆水晶，但不確定它的正確名稱，沒關係，這項練習仍會非常有效。

你也可以利用在大自然裡找到的任何神聖物品來進行這項練習，可能是一根美麗的羽毛，或是貝殼、花朵、一束香草，或你覺得是大自然送給你的一片葉子。如果你在這個療癒過程中使用這樣的物品，只需將「水晶」這個詞替換成你所選擇的相關物品即可。

如果你想和團體一起做這項練習，你們可以共用同一顆水晶和同一位天使，並設定團體的療癒意圖；或者每個人各自使用自己的水晶和天使。有些成員可能會選擇與其他成員相同的天使，有些則選擇自己獨特的天使，但任何天使和／或水晶的組合都會非常有效。你可以向成員們朗讀指示，並逐步完成每個步驟。

找一個可以安靜獨處的地方，如果可能的話。考慮是否設立一個小聖壇，播放一些輕柔的音樂，點燃蠟燭或線香，或薰香或塗抹一些純精油。若實際可行，請關閉可能分散注意力的設備，例如手機。

準備好空間後——無論是簡單或華麗的——你需要帶上你的水晶。為這項練習選擇一位天使的名字（記住，你可以只簡單地說「我的守護天使」）。現在你可以準備開始了。

讓你的視線變得柔和，如果你願意的話，可以閉上眼睛。注意呼吸的流動，此時你的身體和頭腦會開始平靜且放鬆下來，花一些時間安靜地呼吸。

輕輕將注意力帶到你的心，你可以感受到心中的溫暖。如果有幫助，你可以將一隻手或兩隻手放在心臟，想像一下，你可以把呼吸帶入你的心臟，讓它放鬆，感到敞開與平靜。

當你準備好的時候，為你的療癒設定一個意圖或方向。你可能有一個需要療癒的特定問題或關切，也可能只是想放開心胸接收最高善。表達是什麼引導你進行這次療癒。你可以在心裡默念，可以寫下來；合適的話，也可以大聲說出來。

想像或大聲說出你的天使的名字。這可以簡單地是「我的守護天使」，也可以是你知道、喜愛且信任的某位天使的名字。放鬆，讓這個名字輕柔地重複幾次，可以在心裡默默地複誦，也可以大聲地說出來。

請你觀想、感受、想像，或者簡單地意圖，你能看到內心的靈性空間。你甚至可能會覺得自己正在進入這個心中的靈性空間。這是一個寧靜、平和、充滿愛且開放的空間，你可能會以愛的感覺或其他感覺來體驗這一切。隨著你安頓自己，與心靈連結，你可能會感知到顏色或符號，或就只是注意到自己呼吸的流動。

看見、感受或想像這位天使的名字在你的心靈空間產生共鳴。

接著，將雙手放在你的水晶上，說：「我召喚大自然母親及其水晶天使的無條件的愛。願這顆水晶被淨化與祝福，現在，為了最大的善，帶來療癒的能量與愛的智慧。」

將水晶放在身體需要療癒的特定部位，或你覺得合適的位置，例如心臟、胃部、下腹部或喉嚨。你可以想像、感知、感受、視覺化或意圖這顆水晶散發出療癒、覺醒和保護的能量。

想像、感受、意圖或視覺化你的天使與你同在，將祂們的光從你的心傳送到水晶之中，增強水晶療癒的效果。

你不需要理解正在發生的事情，也不必非要感受到什麼才能信任。在更深的層次上，療癒正在進行。

在這個空間中休息，直到你（或你的團體）覺得合適。建議至少休息幾分鐘。

結束療癒練習時，花點時間，把手放在心上，對於這次練習中與你合作的天使和水晶，默默地或大聲說聲「謝謝」。

再次將雙手放在心上，確認剛剛在神聖空間裡得到了靈性上的滋養，封存這次練習。

回到當下的時刻，注意感覺皮膚上的空氣。如果可以的話，輕輕活動你的手指和腳趾。深深地吸一口氣，然後吐氣。讓自己回到當下，按照你的節奏，睜開雙眼。

接著，將你的水晶放在合適的地方，可能是聖壇上，也可能是你的床邊。當你看著這顆水晶時，你會記起你的天使和這次的療癒。

將這顆水晶放在你能看見的地方，時間長短由你決定。當你覺得可以放手（可能在療癒後立即發生，也可能是幾天或幾週之後），就是清理它的時候了。你可以把手放在水晶上，然後說：「透過神聖的恩典，這項工作已經完成。我感謝這個神聖物品的療癒，現在它已釋放、淨化與清理，回到其靈性的純淨和中性的狀態。如願所行。」

然後，回到你的日常。建議你喝一些乾淨的過濾水，為身體補充水分。

如果你想回顧你的經歷，可以寫日記或在團體中分享。只要記住以下準則：

- 天使平等地愛著每一個人。
- 如果有人擁有強烈的體驗，請儘量避免比較。
- 當我們尋求療癒時，即使我們並未意識到，也會發生有價值之事。
- 相信空間中的每個人，都會在適當的時候獲得他們所需要的。
- 了解療癒的效果可能持續數天或數週。
- 在療癒期間與之後，密切注意夢境、直覺和感受。
- 知道你所帶來的是正面能量，同時這也能幫助其他人。

與天使一起進行遠距水晶療癒

你可以稍微調整先前的練習，以符合某個人、某個地方或某種情況的需求。也許你在新聞上看到一些可怕的事件，或者你所在的社區出現你不知該如何應對的情況，但你想幫忙。也或許是你的摯愛遇到困難，你無法親自前往，但你希望能傳送靈性的療癒給他們。

如果你想為摯愛進行遠距療癒，或將療癒傳送到某個地方或團體（例如地球上需要療癒的地區、海洋，或某種特定動植物），這很容易就能做到。你需要一張圖片或其他能代表療癒接受者的物品，例如一張照片、一件珠寶或一項紀念品，甚至是一顆水晶。只要這項物品能讓你聯想到療癒的接受者，便已足夠。它將成為你與療癒接受者之間的聯繫，無論他們身處何地，甚至那是已離開肉身、逝世多年的靈魂。

如果你將這種療癒傳送給某人、某個地點或群體或某種情況，請記住自由意志。作為人類，我們經常認為自己知道什麼對另一個人最好，但我們無法得知他們的內在旅程，以及事情為何以某種形式發生。只有更高的智慧才能理解這一點。幸運的是，天使們與那更高的智慧相連，並知道如何最好地運作。你可以傳送療癒——療癒過程中的言語，將確保你尊重他人的自由意志——但你也需要放下對結果的執著。療癒能量將被傳遞，而許多你無法掌握和控制的其他因素，將決定療癒的結果。以純潔的心提供療癒，然後放手。天使們會處理剩下的事情。

要進行遠距療癒，先重複上一個練習，然後按照這些額外的指示完成。

想像、感受、意圖和／或視覺化，從你的水晶和你的天使聚集的能量，正移向代表遠距療癒接受者的物品。

接著說：「我以純淨的心提供這份療癒，以求最大的善。如果這股能量在此無法得到最佳的運用，願天使們引導它到能發揮最大作用之處，為了所有眾生的靈性利益。」

休息幾分鐘，讓能量從水晶流向療癒的接受者。

你可能會直覺地感受到能量被接受者接收，且因此開始湧入更多能量；或者你可能感覺到能量反彈，並重新定向至其他地方。你的療癒仍在發揮作用，要相信更高智慧會引導你的神聖奉獻。

當你完成這個步驟，將雙手放在心上，封存這次練習。

相信療癒已然發生。將你的雙手放在水晶和代表療癒接受者的神聖物品上。你可以說出以下話語來結束這個過程：「透過神聖的恩典，這裡的工作現在已經完成。這些物品已被清理和更新。如願所行。」想像、感受、意圖或視覺化這些物品現在再次變得清晰和中性。你的工作已經完成。

建立自己的水晶療癒練習

如果你願意，你可以使用之前練習的步驟，建立自己獨一無二的水晶療癒練習。有幾個步驟需要記住：

1　將你的意識轉向內在，連結你的心

2 設定你的意圖
3 召喚你的天使
4 祝福並活化你的水晶
5 天使水晶療癒
6 表達感激之情並封存練習
7 接地

向天使女王聖母馬利亞祈禱

我想向聖母馬利亞做這個簡單的祈禱，有幾個原因。其一是祂幫助所有的孩子——也就是我們每一個人。無論我們是否在天主教家庭中長大、不確定宗教是否是騙局，或仍在探索我們是否相信上帝。祂就只是愛著我們。

聖母馬利亞曾多次以非常實際的方式幫助我。祂可以幫助我們解決財務問題、生活狀況、愛情、健康和幸福，祂也能協助我們去幫助他人。馬利亞是無條件愛我們的普世母親，祂唯一的要求就是我們遵循自己內心真正的道路。（是的，祂的愛是如此無條件！）祂是充滿愛的存在，如果我們希望與祂建立連結，我們不僅找到了一位朋友，也能加強我們與天使領域的連結。畢竟，祂被譽為天使女王。

你可以為自己誦讀這個簡單的祈禱，或者在任何你覺得合適的時候教給其他人。

> 親愛的聖母馬利亞，祢無條件地愛著我，我需要祢的幫助。我向祢敞開心扉，請求祢的協助，讓我能過上最好的生活，散發光芒幫助他人，並保護我免受不合適的事物影響。親愛的母親，請幫助我。願祢的愛為所有需要的人帶來心靈的平靜。如願所行。

祈禱結束時，你可以將手放在心上，將你的奉獻封存給聖母馬利亞。相信祂在聆聽著你，並與你同在。祂已經開始把答案帶入你的世界中。可能很快，也可能需要一些時間，才能將謎題的碎片拼湊在一起。但你可以完全信任祂，以及和祂一起工作的許多天使。

Chapter 5

Preparing for Archangel Work

大天使療癒工作的準備

魔法的本質，是透過與靈性能量的交融，有意識且有意圖地運用我們的自由意志，從而帶來轉變。

在這一章，我們將為天使之光的療癒工作做好準備，這是一種運用天使能量來創造療癒、魔法和顯化的藝術。我已經創建與四位大天使相關的天使之光技巧，接下來四個章節會詳細描述。我將與你分享的天使魔法技巧的基礎，是「同頻共振」與「吸引力法則」。這基本上即是物以類聚，同類相吸。如果我們渴望更多的豐盛、繁榮、愛與機會，我們就必須從自身做起，克服恐懼，療癒自我價值感，如此我們才能變得更敞開、勇敢，並願意遵循直覺抓住機會。

如果我們緊抓著一個小小的容器，又何必期望用海洋填滿它！我們必須學習使用足以滿足內心渴望的容器。這可能意味著我們需要敞開心胸，接受更為豐盛的信念體系，並在生活中勇敢地抓住機會。療癒需要我們對於自己和神的信念，讓我們的意圖變得堅定且充滿信心，從而促使我們採取新的行動。我們運用魔法來自我療癒，並在此過程中體現了嶄新的存在頻率。這種新的存在頻率可以開啟我們的心靈，讓我們能吸引、識別並選擇在生活中接收更高頻率的體驗。我們從內在開始療癒，以改變外在。

一些低層次的魔法不過就是試圖以自身的專注力和能量，強迫生活和／或他人按我們的意願行事，試圖控制事情的發展。這既不尊重他人，也不高尚，長遠來看亦不會帶來幸福。能控制他人或許看似神秘或強大，但這不過是小我的自負表現。即使短期內似乎能獲得我們想要的事物，但長期而言將有負面影響；我建議你完全避免這類做法。有更好的方法能實現幸福和滿足，而這些方法是基於所有人的自由與個人的靈性成長。

所以，更美好的魔法形式——也是我唯一教授、推薦及使用的魔法形式——是白魔法的光之療癒工作。這種形式召喚懷抱無條件之愛的神聖存有，來幫助我們療癒並轉化自身。這種工作的效果可能非常強大，因此我創建了一整套療癒模式，並在為期一年的線上培訓課程中教授，專注於白魔法的實踐。我們若專注於內在工作，而非企圖改變外在環境，就能在靈性上得到療癒和成長。我們能以有意識且有益的方式貢獻我們的天賦和才能，以尊重我們的靈魂道路與更大的善。接著，外在環境將自然而然地改變。我們變得更快樂，更健康，更有愛心，更有力量。

憑藉這樣的方法，我們成為更強烈的光。生活中仍有許多挑戰，但我們不再覺得必須獨自面對。我們有強大的神聖守護者，幫助我們在任何經歷中成長和療癒。即使是最具挑戰性的經驗，也將成為我們靈性旅程的一部分。這些挑戰可能在最初會令我們感覺崩裂，但最終會使我們變得更好。透過不斷地成長和超越問題，我們會展現出最好的一面。

低層次魔法與天使們美麗而療癒的顯化魔法，兩者的另一個關鍵區別在於你不需要決定你的內心渴望將如何實現。如果你想告訴天使誰應該愛你、你該得到什麼工作，或是自己獲得快樂所需的人事時地物各種條件，那你就是在試圖操控生活與靈魂。你也將錯失請求高層次的靈性協助和祝福時，所能帶來的最好事物之一。神聖的創造性思維，遠比我們最美妙的想像夢境更具創造性，更富於愛心與美麗、更為療癒、更有創意，更能使人感到滿足和有趣。若你想以自身渺小的視野，來取代神聖實現的宏大可能性，唯一的原因就是恐懼。當你與神聖存有連結，這並非令人恐懼、而應當是充滿愛的經驗；這是仁慈、鼓舞人心、令人感動，且能獲得療癒和覺醒的體驗。

毛毛蟲或許不知道自己會變成蝴蝶，即使它曾夢想過這樣的事，或許也不相信這是真的。但那個可愛小綠蟲內在的神聖智慧知道。我們的內在也有神聖智慧，它知道我們註定成為誰、成為什麼。這並非不同的自我，而是真實的自我。天使引導我們穿越生命的進程，讓我們能成為與生俱來、應當如此的模樣。我們可以依隨內心的渴望來尋求天使的協助，我們必須相信所有細節都可以由天使以更高、更有愛的神聖智慧來決定，這樣的智慧知道如何引導我們走出每一步。

在開始進行如天使魔法這樣的神聖工作之前，我們需要做好準備。我有時會將我的神聖工作，視為與神聖存有的約會。我會在約會前做好準備，神聖工作也是如此。以下幾節將介紹一些方法，幫助你在進行療癒魔法的神聖儀式（後續章節將說明的內容）之前，如何為自己和空間做好準備工作。

建立你的神聖空間

神聖空間的基本原則是提供你完成靈性工作的隱私，同時盡量減少外界干擾。為此，通常需要採取實質的做法來設立神聖空間，包括關掉手機、找個保姆，或者進入自己的私人空間或房間，讓身邊的人知道你需要大約半小時的獨處時間。如果你在靈性練習過程中被打斷，沒關係的——你的練習仍然會有效果。但若你能放下外在的聯繫和世俗的煩憂，將自己全身心投入到體驗之中，那將會是截然不同且更為深刻的經歷。

一旦你選擇好物理空間，並做好必要的安排（例如，一個擺放美麗圖片、水晶或蠟燭的聖壇；但也可以沒有聖壇），你就可以按照以下的說明開始工作。

聖壇是一種從頭腦轉向內心，感受生命的真實、美麗和神聖性的方法，幫助你在日常壓力和心靈的干擾下找到內在的平靜。它能讓你的工作感受到真正的神聖。如果上述內容令你產生共鳴，我鼓勵你將其作為一種實踐來探索。如果你無法自由地進行靈性實踐（不幸的是，現代世界很多人不具備這種自由），或者你只是覺得自己還沒有準備好公開你的靈性追求，你也可以將你的心視為聖壇，那是你尊敬、敬仰並接納神聖的地方。

請尊重你的神聖空間。你可以視情況決定在工作後維持原狀，或將之撤除。如果其他人會經過你的聖壇，你也可以在未使用的狀態下以布遮蓋，保護隱私。

請牢記，有些人可能會害怕聖壇，或認為你在進行某種負面的巫術。重要的是，你不需要為自己辯解，但若你覺得合適，你當然可以簡單而真誠地表達你為什麼要進行靈性的探索和練習。真正的靈性道路關乎愛與療癒，並不需要害怕。然而，有時人們會對他們不理解的事物感到恐懼，而不是好奇。如果有人非常害怕，請記住你不需要承擔他們的恐懼。你有自由意志選擇如何生活，選擇你想走的靈性道路。當我們信任內心的指引，我們的生活會變得深具意義且充滿靈性的啟發。這是一種美好的生活方式，它能幫助我們以更具創意、有益和啟發的方式，應對作為人類所遇到的問題。

如果你需要尋求情感和靈性的支持，以克服恐懼、批判或其他對你真實靈性道路的各種阻力，請尋找一位心胸開放且有能力支持你在靈性上自信成長的療癒者、朋友、治療師、諮詢師或其他指導者。知道何時在我們的道路上尋求幫助，是靈性成熟和智慧的標誌，而不是軟弱。

為神聖療癒練習做好準備

有些神聖療癒藝術的執行者會在重要的工作穿上特別的長袍或佩戴珠寶。我喜歡戴上水晶飾品，它讓我覺得能與內心的女神連結。我也喜歡穿著能良好傳導靈性能量的天然纖維，例如絲綢。我喜歡在手腕上戴著念珠，這讓我感覺接地。羽毛耳環則讓我感到與靈魂相連結。話雖如此，有需要的話，我也很樂意在瑜伽後穿著汗濕的衣服進行深度祈禱和療癒儀式。有時工作就是需要在某個特定的時刻進行，無論我們是否有時間做好繁瑣的準備或找到必要的工具。我能這麼做，是因為我從事這項工作已經數十年了，我知道如何在內心創造神聖空間。然而，我仍然喜歡為神聖工作裝扮自己的儀式感。我們無需將練習看得過於貴重，但我們確實需要尊重它的神聖性。

神聖的服飾還包括神父在舉行彌撒時穿著的長袍，薩滿在療癒儀式時穿戴的圖騰動物品，以及水晶治療師在工作時佩戴水晶能量石。這些長袍和其他神聖物品，不僅能讓人感受到與非凡的時間及空間相連結，也等同於承認某些特殊的事情正在發生。它們本身即有能量，但同時也具備象徵性的力量。它們代表療癒或儀式的執行者不再是日常的自己，而是踏入自身內在的神聖來進行這項工作。當然，這並不是指靈性存有只喜歡非日常形貌的我們；祂們愛著我們的本來面目。

因此，我們隨時都可以召喚天使（無論是否在正式的神聖空間，或者我們是否佩戴特殊的珠寶），但當你有時間和空間進行更深入的神聖準備工作，將神聖的裝飾作為過程的一部分，是個美好的選擇。對細節的更多關注，能加深我們的能力，讓我們更深刻地感受並連結這些神聖存有，以及祂們帶給我們的光明。

如果你是新手，有個簡單的方法是選擇一件特定的物品或珠寶，只在進行療癒練習時佩戴。比如，戴上一條特別的圍巾，可以幫助我們集中注意力於正在進行的活動。

多年來，我有一條在旅行時經常使用的圍巾，尤其是在一些聖地主持靜修時。我並沒有刻意把它視為療癒圍巾，但不知何故，每次我身處神聖之地，它總是圍在我的脖子上。它陪伴我穿越神聖的恆河，吟唱祈禱，參訪印度的古老寺廟。在美麗的清真寺，我把它當作頭巾佩戴。當我拜訪耶穌教導過的聖地時，它靜靜地覆蓋在我的心口。當我在以色列和巴勒斯坦的聖地，接收聖母馬利亞強大的心靈傳承時，我也戴著它。在我遊歷佛陀曾生活和教導的印度地區時，它依然在我的脖子上。這條輕柔的小圍巾承載著許多靈性能量。

有次我在泰國旅行時，小偷從我的包包裡偷走了那條圍巾。我當時非常心碎又震驚，直到那一刻，我才意識到這條圍巾實際上有多麼珍貴。這與金錢價值無關，而與它在我的旅行中吸收的靈性能量有關。它永遠無法被取代！

然後，我意識到一些事情，有助於減輕失落的痛苦，也糾正了我的觀點。首先，對那位小偷來說，這可能帶來負面的業力，尤其考慮到被盜取的是一件靈性物品，所以我為他祈求慈悲。接著我意識到，他必定比我更需要這條圍巾。我進一步反思，事實上吸收諸多神聖能量的不只是那條圍巾，還有我的肉身和靈魂啊，我實際上什麼也沒有失去。他人則得到了可能為他帶來強大療癒能量的事物，而這是他所需要的。

我分享這個故事，是為了讓我們在認識神聖物品的美麗、力量與益處的同時，不會過度恐懼失去，或過度依戀它們。我們可以平衡對神聖物品的感激和尊重，並意識到它們只是支持我們走在真正的道路上。當時機來臨，便會以最合適的方式被捨棄。希望當那個時刻來臨時，它們能繼續在另一個人的道路上為其服務。

如果你有一件只打算用於神聖練習的衣物或珠寶，你可以為它祝福，並將它奉獻給神聖的療癒工作。你可以這麼做：一隻手拿著物品，另一隻手放在心口，大聲地說出能與你內心產生共鳴的話語。例如：「願這件物品被神聖之愛賦予神聖、祝福和保護，增強我的療癒和魔法，並為一切帶來正向的效益。如願所行。」

準備「靈性扮裝」

儘管我們剛剛討論了外在的裝飾，但要為神聖工作做準備，最重要的還是內在層面的準備，包括你的心態、透過連結內心來準備你的能量場，並在你周圍設置一道光的屏障。

以下是一個簡單的練習，你可以在靈性工作之前，或任何需要強化、淨化與更新能量場的時候進行。如果你希望做些有療癒性的夢境，甚至可以在晚上睡前做這個練習。

無論你是否希望於外在層面為神聖工作而打扮，但這個「內在裝扮」的練習將在每個層面上支持你。我鼓勵你嘗試這個過程，比較做與不做於感受上有何不同。或許最終你會樂於將它納入日常生活中。你可以加入自己喜歡的變化，也可以完全按照書中所寫的方式去做。如果你願意，你可以安心地引導你所愛的人（包括你的孩子）做這個練習；甚至可以想像將之傳遞給需要療癒的寵物或其他動植物。

開始時，將一隻手放在心口。專注於呼吸的進出，讓自己在幾次呼吸之間開始放鬆。

當你準備好時，想像一些讓你覺得感恩、快樂或平靜的事。只需片刻，讓心靈沉浸在那種感覺之中。你可以讓嘴角輕輕上揚，露出一抹微笑，甚至是燦爛的笑容。

想像、觀想、感受或意圖在你的頭頂上方，有一道美麗的光。它可以是任何你喜歡的顏色。這道光在你的頭頂聚集，形成美麗的泡泡，它逐漸擴大，直到足夠寬廣，可以輕柔地流淌下來，像一個美麗的瀑布一樣，穿過你，深入地球深處。隨著你對能量的感知變得更加敏銳，你會感覺到此一過程的發生。

如果你希望重複這個「顏色沖刷」的過程，你可以選擇不同的顏色。隨著你對能量益發敏感，你會感受到不同顏色的不同效果。例如紫色、藍色或綠色，可能帶來清理、淨化和更新。其他如白色、紅色、橙色或金色，則可能更具強化效果。

感受、意圖或觀想在每次沖刷後，在你的能量場中仍保留著一些顏色，直到每種顏色開始在你周圍形成一層泡沫。我最喜歡的組合是從白光開始，然後漸漸變成紫色、藍色、綠色和金色。無論你選擇哪種顏色，你都可以改變它們的順序或顏色，或根據你的心情只選擇一或兩種顏色。

然後，你就為你的神聖工作及你的日常做好「靈性扮裝」的準備了。

重複這個過程以清除工作（尤其是與他人共事時）和日常生活中的能量。我建議你在睡前進行這個練習。

大天使練習

一旦你準備好神聖空間，並以你選擇的方式進行了「扮裝」，你就可以開始接下來四個章節裡的大天使練習了。

你可以選擇進行一個或多個練習；取決於你自己。如果你感覺創造力受到啟發，你可以發展以下的練習，添加你自己獨特的禱詞或話語。只需記住，無論你從事的是療癒、魔法還是靈性工作，你都對自己釋放的能量負責，並尊重自由意志。你會在接下來的練習中注意到這一點。

在接下來的四個大天使練習章節中，每個章節都有十一個選項可以挑選。你可以選擇最能引起共鳴的選項，誦讀相關的禱詞，如果你受到啟發，也可以添加自己獨特的禱詞，讓它更符合你個人的體驗。

大天使們會協助我們人生旅程中的所有問題，之所以選擇特定的十一個選項，是來自我在撰寫本書的過程中所獲得的靈性引導。它們旨在運用某些天使的特定專長，但絕非將大天使能幫助我們的方式限縮於此範疇內。

Angelic Lightwork with Archangels

Part 2/ 與大天使一起進行天使之光療癒

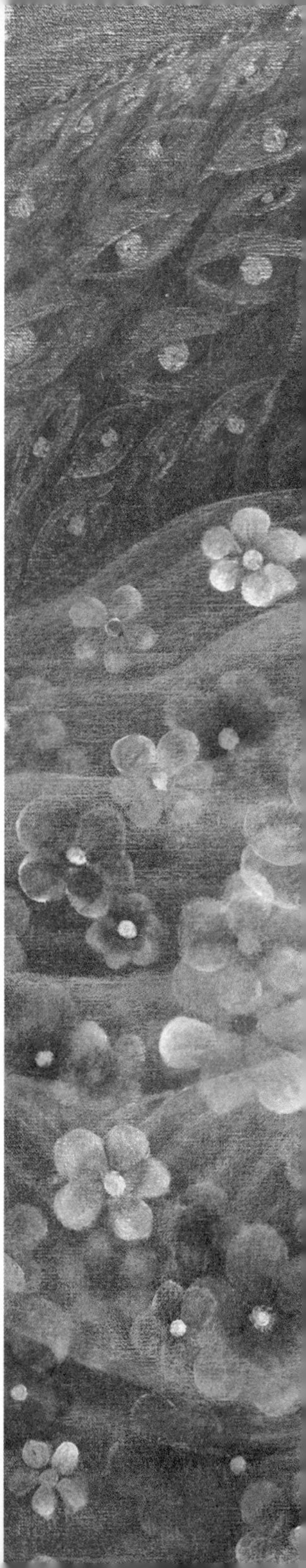

現在你已經了解了所有關於天使的知識，是時候與四位特殊且強大的大天使一起創造魔法、療癒和顯化了。我們在第六章與大天使麥可連結，在第七章與大天使拉斐爾連結，在第八章與大天使加百列連結，在第九章與大天使烏列爾連結。

在每一章裡，我們會探討一個開場練習、如何畫出光環、為特定的大天使創造神聖空間的技術，以及如何召喚大天使並提升能量的指導，為你的神聖療癒工作創造靈性能量。下一個階段則是導引能量，運用特定意圖的祈禱文和療癒請求，這些將與每位天使的特殊力量相呼應。四位主要大天使各自有十一則不同的祈禱文，並附有獨特的療癒步驟。這將賦予你與這些神聖存有一起工作的力量。你可以根據自己的需求更改這些禱詞，儘管你可能會發現，這些章節中包含的許多歷程，都與你以及你所愛之人的生活息息相關。這些主題包括治癒肉身、保護所愛之人、處理財務問題，以及為你的關係吸引愛和幸福，包括處理雙生火焰和靈魂伴侶的問題。還有些是關於克服無價值感、霸凌和負面消極、處理自殺念頭、明確人生道路、切斷與有毒能量來源的聯繫……等等。

在完成你選擇的練習後，將說明如何及為何要將這次練習奉獻給更大的善。你將學會簡單且有效地表達感激、關閉神聖空間，並將能量接地。每一章都以一個充滿愛的提醒作為結尾，告訴你如何結束練習，重新連結日常生活，如此才能讓你的工作盡可能以最佳的方式顯化。

你可能尚未意識到，親愛的人類，你的內在蘊藏著多少魔法、療癒和靈性。而我之所以創作這本充滿愛的小書，便是希望你能與內在的神聖美好連結，從中找到安慰、力量、幸福和自由。

Chapter 6

Working with Archangel Michael

與大天使麥可一起工作

你將在這一章學習專以大天使麥可來設計的練習。這些練習分成三個部分，第一部分將引導你設立聖環（sacred circle），它可以召喚大天使、提升能量並引導能量。練習的第二部分包括神聖的祈禱文和療癒請求，有十一個選項，你可以依需求做個人化的練習。練習的第三部分則教你如何接地並奉獻這次的練習，感謝大天使，然後結束聖環。

你可以多次進行這個練習；它永遠不會彈性疲乏或使用過度，天使不在乎你的行為是否重複；祂們總是願意傾聽，並以祂們的恩典祝福你。

如果你願意，你可以用這個架構作為指引，創造自己獨特的練習，以讚揚並召喚大天使麥可。

首先，將右手放在心口，想著你在生命中覺得感激、快樂或愛的事物。

當你心中充滿正向的感受時，大聲（或靜靜地在心中）說：「大天使麥可，祢現在為了眾生最大的善，帶來神聖火焰的力量、意志和保護。神聖火焰帶來了清理、從過去解脫與更新的療癒禮物，讓我可以迎接生命中的新篇章。請守護和保護這片神聖空間，使療癒能按照神聖恩典發生。我向祢敞開心扉，我親愛的天使朋友。請賦予這份神聖的工作力量並賜予祝福。如願所行。」

當你將手放在心口時，一道深靛藍色的光在你的右掌中形成。隨著你放鬆，它逐漸聚集並增強。

將右手臂伸向右側，開始用掌心流出的光，在身體周圍「畫出」一個藍色光環。即使你無法有意識地看見或感覺那道光，也沒關係——你可以相信它的存在。光從你的手掌流出，當你緩慢地向右轉動時，光環就慢慢在空中成形，直到你的手回到起點。

現在，你周圍已經有一個藍色的光環，形成了你的神聖空間。這個光環舒適地包圍著你。它可以根據你的舒適程度調整大小。這個光環創造了神聖的靈性空間，它可以與物理空間交疊，但不受其限制。在這個神聖空間中，你被支持、保護和包容，為你的靈性實踐提供支援。

觀看、感知、想像或意圖大天使的光與臨在穿透了藍色光環，使其內部空間充滿了愛與強大的正面能量。

如果你直覺地認為需要在光環中增添其他顏色，可以重複這個過程，意圖並觀想在光環的內圈添加額外的顏色層。

光環可以位於你的臀部位置，寬度則可以根據你的舒適程度來調整。如果你希望把光環變成環繞你的光柱或光泡泡也可以。以當下讓你感覺良好的方式來進行，但要知道，一個簡單的光環就可以很好地為你提供神聖空間和靈性保護。

請花一點時間複誦「大天使麥可」數次，根據你的感覺來決定持續多久。歌唱、吟誦、低語或大聲地說出來——無論哪種方式，只要符合你當下內心的感受，就是最好的。想像、意圖或感受，隨著你重複這個天使的名字，你就是在增強大天使麥可於你心中和神聖空間內的存在。

感覺、感受、觀想、想像、感知，甚至看見或聽見天使的臨在，並沒有唯一的「正確方法」。你可能會有強烈的感受，也可能完全無感。當我們提出請求，大天使們便會出現。這是祂們對人類的神聖承諾與連結。至於我們是否在當下看見或感受到祂們，取決於我們當時是專注或分心，以及我們是否準備好去看見或感受這樣的存在。

學會信任，而不是依賴我們自以為了解的事物，是建立信念的一部分。信念是一種靈性肌肉，讓我們的心足夠強大，能讓天使完成祂們的工作，即使我們無法總是理解或有把握。這意味著我們不再限制宇宙協助我們的方式。想像一下，透過要求神聖干預只以我們能理解和預測的方式運作，我們就限制了它的創造性、充滿愛的資源、善良、創意和快樂！這將封閉許多能使療癒和恩典流入我們生活的潛在管道。

當我們抱著信念前行，即使當下感覺有些不確定或愚蠢，但我們仍持守著恩典之路的敞開及豐盛。每個生命都會從這般真誠開放的意願中獲益，包括你自己。

當你召喚大天使之後，就該開始提升能量了。

什麼是提高能量？這意味著使能量變得更大更強，它填滿了光環，就像在靈性上為這個空間施了肥，好讓工作更容易顯化。

你可以用多種方式來提升能量。你可以繼續說大天使的名字，讓你的聲音變得更有威嚴；唱歌、跳舞、彈樂器，或在說出天使的名字時拍手。這可以是好玩的，也可以是強烈的。讓它符合你的感覺，適應當下的情況。

提升能量不代表一定要跳二十分鐘的舞。當然，你可以這樣做。但即使是一聲從心底發出的呼喊，即使是靜默但充滿情感的表達，也能為你的療癒練習建立專注、意圖和能量。

讓你的情感在此為你效力，支持這個過程。讓你的同情、悲傷、憤怒、恐懼或任何你正在感受的情緒成為一股能量，增強你召喚天使的渴望。用你心中的所有愛——或所有的恐懼——呼喊：「大天使麥可！我需要祢！」

你有進行這次療癒的具體原因嗎？現在利用你積聚的能量，清晰地說出你的意圖。為你內心想要或需要的事物祈禱。

如果你是代表他人進行這次療癒，請奉獻它：「尊重自由意志，我將這次療癒獻給○○○。願任何剩餘的能量被傳送至能發揮最大功效之處。」

繼續為那位接受者進行你的練習。但請理解，若他們不想接受療癒，能量將會重新導向最能發揮作用之處。無論何時，只要有可能，在提供療癒前先請求對方的許可，這始終是明智的做法。這是尊重自由意志的方式。

請記住，我們不應使用這種工作來控制他人。例如，若你身處一段痛苦的關係，與其說「請讓我的伴侶／前任以特定方式行事」，不如說「請告訴我如何以最有智慧、優雅和有效的方式處理這種情況」。我們永遠必須承擔責任，因為這是我們真正的力量所在。

選擇以下一則或多則祈禱文，來邁出神聖工作的下一步。截至目前為止，你透過召喚和練習積聚了一些能量，這些祈禱文便是引導能量的方法。輕聲說出、大聲誦讀、歌唱或低語——選擇你感覺最合適的方式。你可以使用任意數量的祈禱文，無論多或少，根據你的感覺來決定。通常一則就已足夠。

與大天使麥可一起工作——

傳達療癒意圖與請求的神聖禱詞

以下的祈禱文和意圖，是基於我在撰寫這本書時所接收到的靈性指引提出的建議，它們是一個起點，你可以依此進行，或是創造自己的祈禱文。

請注意，不一定要說很多個祈禱，多也不一定更好。一句表達出純粹且開放心靈的誠摯祈禱，比一百個心神不寧或疑惑的祈禱更具力量。祈禱需要練習：學會專注當下，認真對待自己所說的話語，然後放手。這並不總是容易，我們可能會（應該說，經常會）疑慮和分心。然而，隨著我們練習與天使談話，我們會變得更加專注。在禱告中越是專注與虔誠，天使們就越容易回應。我們也會更擅長於「擺脫自我障礙」，允許慈愛的更高智慧來引導我們，走向我們可能根本沒考慮過的解決方案。

禱告時，請帶著勇氣和自信。你可以大膽樂觀地期待答案到來，但不要限制神聖的力量，要求事情以你期望的方式發生。當我們以信任敞開心扉，就是給宇宙一個機會，讓它以其慷慨、美好和恩典帶給我們驚喜。

突破負面能量、習慣或思維

——禱詞——

親愛的大天使麥可，我踏進祢的淨化靈性之火。在那裡，我得到了淨化，擺脫過去的消極負面以及對痛苦或困惑的執著。在祢充滿愛的火光與溫暖之中，恩典、正向能量、愛與療癒的種子在我心中被激發，成為強大療癒能量的源頭。祢在我心中的火焰燃燒習慣和舊有的方式，為我指引一條全新的、更加充滿愛的道路。如願所是。

・想像一道神聖的火焰，燃燒負面能量、黑暗或固著的情緒。這道火焰讓人感覺溫暖且療癒，融去任何不再需要的事物。從淨化的火焰中走出來，你能感覺煥然一新、療癒、清新且自由。你可以讓神聖的火繼續在你周圍燃燒，讓它持續捕捉並消耗任何舊的、無益的能量，讓你有足夠的空間轉變為更正向的狀態。

克服任何形式的流言和霸凌

——禱詞——

親愛的大天使麥可，祢的盾牌保護我免受負面投射和受傷心靈的攻擊，他們不知道任何更好的。祢的劍切斷了那些使他人能以負面方式影響我的，依附與連結的能量索（psychic cord）。祢慈愛的存在提醒我堅守自己的真實，沐浴在光明中，並知道自己是值得的。我尊重自己，並珍視自己的價值。請與我同在，現在及永遠，以劍和盾保護我的靈魂。我的內在真理比任何外在的謊言更強大。有了祢，我記得仰賴自己的內在光明，並知道它將戰勝一切。如願所行。

想像、意圖或觀想有一位巨大的大天使站在你身後，展開雙翅，將盾牌擋在你面前，並將劍高舉在你的頭上。沒有什麼能擊敗這樣一位宏偉的神聖存有。感覺自己對負面能量的信任漸漸減少，因為你開始認識到這位存有所擁有的、且與你共享的光明力量。你從內而外地被點亮。光由內部流出，照耀四周，使你如同一個輝煌的靈性太陽。你屬於你自己和大天使麥可。你的光芒屬於你自己，無人能奪走。你將永遠是你自己——一道美麗的光芒，閃耀且被愛，被天使所認識，也被聖者所愛且尊重。

療癒成癮行為

——禱詞——

親愛的大天使麥可，祢知道我的心和靈魂是純潔的，並渴望愛與療癒。在我迷失和困惑時，我允許祢愛我、與我同在，引導我走向能真正滿足我渴望和需求的道路。請將我從壓在心頭的沉重習慣中解救出來，協助我看見如何幫助自己，並接收到我所需要的和應得的愛。有了祢的存在，我記得我的心是勇敢的，我能在生命的神秘未解中生存。我知道，即使面對不確定性，我也是安全的。

把一隻手放在心口，讓自己感受那裡的溫暖。想像親愛的大天使正看著你、愛著你，對你微笑，鼓勵著你。即使你感覺孤單，你在靈性上是被擁抱和愛著的，從未被評判。可以的話，給自己一段時間感受那種平靜，讓你心中的平靜變得更強大，讓大天使慈愛的光芒，像天使的擁抱一樣環繞著你。你可能會感覺很安全，釋放任何需要釋放的情感。對你來說，獨處卻不感到孤單，是什麼樣的感覺？感受到一種始終與你同在的深層愛意，是怎樣的感覺？這可能會引發你驚訝的情緒，不確定自己是否值得如此無條件的愛。或者深深地悲傷，因為過去當你需要時，並不知道有這樣的愛存在。讓任何感覺浮現，然後隨意地釋放它們。你現在在這裡，你被愛著，一切都會好起來的。

療癒離婚（或任何關係的結束）

——禱詞——

親愛的大天使麥可，請守護所有因這段關係的變動而受到影響的人。願天使與我們每一個人同在，引導、療癒，並指引前行的道路。我請求祢的祝福，清除於此生或前世曾許下的任何誓言，並清除任何業力的能量，使這段關係的結束能在所有心靈的寬恕、愛、療癒與平靜下完成。願我們每一個人都能在真實的人生旅途中找到前行的方向，使幸福增長，心靈的需求亦獲得滿足。請幫助我原諒自己，意識到我已盡力而為，並記住無需遺憾後悔，過去的經歷只會使我更堅強而更有智慧。請幫助我，以所有人都能療癒和放下的形式來表達內心所思所想。請幫助我信任而有耐心，並對開展的新道路感到樂觀。如願所行。

觀想、想像、意圖或假想有一條愛的道路在你腳下展開。就踏上它，別管其他道路。走在這樣的道路上感覺很好，你感覺這條路將引領你走向幸福、真實、機遇和滿足，使你的光更強大。所有生命都受益於你散發的愛、光明和療癒能量。觀想、想像、意圖或假想有一條愛的道路，為這個情況中的每個人展開。療癒的選擇是自由可得的。感受心中的希望、善意和樂觀。每個生命都根據他們準備好要經歷的事物來選擇自己的道路，但愛的道路始終開放。這為你的心帶來平靜，支持你放手並信任生活。

校準你的生活，使其與輕鬆和優雅一致，以在各方面順流前行

——禱詞——

親愛的大天使麥可，我全心全意地允許祢介入我的生活，使其校準而與我的靈性藍圖、更高目的及靈魂熱情一致。願所有有助於實現我內心願望的機會和連結，能在最

合適的時間，以最完美的方式賜予我。我信任祢對我的守護和指引，現在及永遠。如願所行。

想像、感受或假想你正踏上一條金色的、被祝福的道路，而這條道路是獨一無二，完美合適於你的。（如果有空間，可以站起來實際跨出一步。）這條道路並不是與你分離的，它源自你的能量，是你的一部分，與你相連，隨著你在愛與信任自己和宇宙的靈性能力上成長，它變得越來越強大和清晰。有道慈愛的天使之光正朝著你微笑，鼓勵你信任前方的道路，即使它有時看似神祕或充滿挑戰。你可以感覺這條道路是至為安全之處，即使有時它看起來也最不可預測。愛、興奮、希望、平靜、幸福和喜悅的感覺，吸引著你走向這條道路，這是真正屬於你的道路。你感知到在這條道路上，一切都將為你而成就，即使你不確定如何或何時。有種凡事都會順利的感覺，於你的心中扎根。將雙手放在心口，低下頭，感謝你生命的禮物和你真摯的生命道路。

為迷失的靈魂或已逝者提供保護

——禱詞——

親愛的大天使麥可，神聖的心靈總是知曉並關心著所有眾生。即使我們人類的心靈有時覺得靈魂會迷失、孤獨或被遺棄，但祢的天使之心明白我們從不孤單。我請求祢特別祝福所有處於恐懼、孤獨或困惑中的心靈。願所有需要確信、安慰、關懷與愛的連結的心靈，現在就能感受到祢的仁慈與強大的保護。願所有身處最黑暗時刻的眾生都能知曉祢的光明，並獲得靈性的慰藉。願祢的慈愛之翼在美麗和恩典中擁抱所有需要幫助的生命。如願所行。

觀想自己和地球上的每個人，都被大天使麥可的天使之翼慈愛地擁抱。注意這份感受、盡情享受這份感受，時間長短可隨你所願。感受天使的愛與安慰，正傳達到所有需要的心靈。對我們這些療癒者而言，這是心靈的伸展。我們允許自己的心因同情他人的苦難而略微破碎，而當我們的心吸引神聖的愛來療癒他們時，我們將更多這樣的愛帶入世界，造福所有生命。你甚至可以想像或意圖微小的天使之翼正包裹著每隻動物的心臟、每株植物的細胞和每一位人類的心靈。那些需要愛的生命，此刻也將得到天使的安慰和療癒。

當你知道需要禱告，但不確定要為何而禱告

——禱詞——

親愛的大天使麥可，我請求神聖的智慧、無條件的愛、奇蹟和療癒恩典現在以最佳的

方式顯化，為所有生命帶來靈性的益處。我並不總是知道療癒和幸福所需為何，但我相信祢知道。以我的自由意志，我請求祢的介入、保護、指引和行動，為了最大的善。我將我的靈魂奉獻給神聖之愛的服務。如果我能以某種方式帶來幫助，請指引我。我願意接受祢的神聖守護和指導。願美麗的祝福為所有人顯化。如願所行。

觀想在你的心的中央有一個美麗的聖杯。那聖杯填滿了無盡的祝福——或許是以寶石、純淨的水或愛的能量作為象徵——這些祝福開始從你心中，那已滿溢的聖杯裡傾瀉而出。它們流向你的道路，進入我們的世界。你不必了解正在發生的事情，即可使你與他人受益。持續這個過程，直到你的心感覺愉快為止。結束練習後，將雙手放在心口，對任何於此刻觸動你的事物心懷感激。

當你需要找到最合適的住所或正在搬家（以及無家可歸需要庇護的人）

——禱詞——

親愛的大天使麥可，在祢強大的翅膀下，總有安全的靈性庇護。願所有需要庇護的生靈，都能安全地被置於祢的恩典保護之下。現在，請幫助所有需要物質庇護和情感保護的生命。請協助他們找到最好的方式，而能感覺安全、被愛和有價值。神聖恩典無限無邊，心中的希望之火足以開啟通往恩典的大門。願祢的神聖之火點燃充滿希望的心，使所有眾生都能安全地被神聖之愛所擁抱。願所有人都感受到靈性的愛，並找到走上自己道路的勇氣。如願所行。

觀想、想像、感受或意圖巨大的天使之翼展開，溫柔地包裹著所有需要的生命。每個生命都有自己的守護天使之翼保護著他們，這為你的心帶來了深度的放鬆、平靜、穩定、臨在與接納感，這份感受也進入了所有眾生的心。在這般臨在與接納的狀態下，感受真實、直覺的內在指引與智慧的能力也會增強。我們能感知在任何時刻應採取的最佳步驟、最佳選擇，以及從痛苦走向自由的方法。雖然我們無法全然理解為何會經歷這樣的痛苦，但我們可以懷抱同情，並相信總有一條出路。每顆心都會在合適的時刻，透過神聖之愛的靈性恩典找到這條道路。讓你的心充滿平靜與信任，當你讓心靈專注於那些正在受苦的人，平靜與信任也會流向他們。這一切都在偉大天使的慈愛之翼下發生。

連結到真實的生命道路和更高的目標

——禱詞——

親愛的大天使麥可，我並不總是知道我該朝哪個方向前進，也不總是明白我為何而生，但我相信祢知道並能引領我。我以無條件的信任，敞開我的心，信賴祢的善良、力量與智慧，協助我走上神聖成就的真實道路。我知道，當我滿足自己的心，我就在我們人類集體進化中扮演了我註定要扮演的角色。我明白，一顆心的成就，可以帶來所有心靈的成就。我敞開自己，接收所有能為我與眾生帶來益處的協助。當我不知道該怎麼做時，我依靠祢，並相信在合適的時刻，我會明白我需要做什麼。請以祢的愛祝福我，使我能以耐心、勇敢和智慧地行事。

觀想、感知、感受或意圖有一道指引之光，在你身後保護你，也在你的前方引領你。你總是可以選擇是否信任那道光的引領，或踏上不同的道路。當你希望連結這道光，它總是存在；無論你選擇哪條道路，它都會幫助你。當你與內心連結時，你會更容易感知這道光芒。你會感受到它的力量，並相信它在看顧著你。將雙手放在心口，感受對這條美麗而獨特的人生道路的感激、驚奇、興奮與希望。

保護弱勢者，包括孩童

——禱詞——

親愛的大天使麥可，祢是守衛者，看顧著所有弱勢的人，以及需要找回自身力量的人。我請求祢現在為那些需要幫助的人提供保護——尤其是需要指引、保護、安慰和鼓勵的青年——讓他們能走上自己的生命道路，尊重自己的獨特性。請看顧所有被遺棄、忽略、誤導或傷害的孩童和弱勢者，以及那些失去內在價值、光明和美麗的人，請幫助他們感受到自己的重要性，他們是被愛的，他們是有歸屬的，他們的人生旅程是珍貴的寶藏。當他們信任自己和自己的旅程時，將展現出更多的恩典。如願所行。

想像一棵美麗的樹，為我們提供庇護、水果、花朵、樹蔭，並提供能抵禦自然元素的保護。這是一棵古老且神奇的樹，你可以想像它在樹幹、樹枝和樹葉上延伸出天使般的翅膀。當一個孩子或其他弱勢者需要幫助時，就會有一片樹葉帶著天使的翅膀飛起，輕輕地降落在他們面前，帶來祝福。即使看不見，或不理解它的重要性，那個生命仍將受到祝福，並得到恩典的保護。停下片刻，心懷尊敬與敬畏，因為神聖力量如此親密地愛著並了解我們每一個人。神聖力量總是伸出援手幫助我們，即使是以超出我們理解的方式，我們仍然受益。

輕輕地將雙手放在心口，然後張開雙臂結束這個過程。彷彿將成千上萬的祝福，從你的心釋出給所有需要的生命。要相信，每當你這麼做的時候，就會有更多祝福從大天使麥可那裡流入你的心中，替代你已給予的，並賦予你力量，讓你能給出更多。

療癒與父親相關的議題

——禱詞——

親愛的大天使麥可，祢懷抱著神聖男性（divine masculine）的溫情、堅強、鼓勵、保護和賦能，這純粹的父親能量於祢心中。祢相信我，祢愛我。祢知道我能成就什麼，並在鼓勵我的同時，讓我自行選擇並從自己的決定中學習。祢保護我，但祢從不會阻止我培養自己的力量。祢總是在身邊支持我，不曾轉身離去。祢從不評判、拋棄、忽視或責備我。祢相信我，我也相信祢。我現在選擇接受祢的愛，並療癒我因人類的缺陷而受傷的心靈。我知道，導致父子關係苦痛的並不是因為我的價值與價值感，而是人類都有的掙扎和傷害；這些掙扎和傷害會妨礙我們依隨自己的希望和需要彼此相愛、彼此相伴。感謝祢賜予我所缺失的一切，使我能帶著愛、寬恕與內心的平靜繼續在人生中前進。如願所行。

想像在心中感受到溫暖的愛。大天使麥可與你同在，為你守護這片空間，讓你能將愛傳送給自己的父親，無論你是否了解他；也讓你將愛送給所有父親，給所有在父親角色中掙扎的男性；以及未來所有的父親。將愛、祝福、祝願和寬恕，傳送給所有在表達父愛時需要幫助的人，使所有人都能因此受益。感謝大天使麥可所表達的父愛能量，它具有保護力，也賦予人力量；知曉這能量正透過你敞開且樂意的心，自由地流向最需要的地方。

接地與奉獻

當你說出帶著意圖的祈禱，也完成了任何你想做的其他觀想或進一步的練習，現在是時候讓自己接地，並為這次練習做最終的奉獻了。

透過將神聖的練習奉獻予更大的善，你將增進自己的靈性成長，以及從宇宙中獲得回應的能力。宇宙是一面神聖的鏡子，當我們付出，宇宙也將予以回饋。你也要確保自己不會在無意中侵犯他人的自由意志。我們希望盡量減少——而非增加——小我的濫用、侵犯和壓迫傾向！療癒和顯化魔法必得來自靈性的責任感。試圖以這些能量操控他人，反而將產生負面能量，進而阻礙你的幸福和實現，而非帶來它們。因此，承擔責任，而非試圖改變他人，起初或許看似較難，但從長遠來看，其實是更容易的。

透過意圖和意志力來讓自己接地。意識到雙腳與地球的連接。想像圍繞在你頭部周圍的能量開始向下沉降，逐漸流向你的胸口、腹部，然後是你的腿，你的腳。不只是想像，而是感覺它正在發生。想像你的雙腳和地球緊密相連，即使有人想推倒你，你也不會跌倒。你牢牢扎根於大地之上。

透過以下話語，來奉獻你的工作：「願今日在此而生的能量，為眾生帶來靈性的益處，並願所有多餘的能量被送往最能發揮效益之處。如願所行。」

將手放在心口，花點時間表示感謝。你可以簡單地說聲「謝謝」，或根據需要增添字句。或許像是：「請祢永遠與我同在，關注這項神聖工作的進展，即使我此刻關閉了這個神聖空間。願我記住，祢始終存在於我內心的神聖內在空間。」

以些許時間感受片刻，這個輝煌且強大的神聖存有，有多麼地關懷我們，並且能幫助我們解決個人的問題和困擾，這是多麼奇妙的事情。

要關閉神聖光環，只需觀想、想像或假想你所創造的光環正溶解於大地。它帶走所有美好的神聖能量，並根據你的意圖與更高的神聖智慧將它們接地。

你現在已經完成了你的工作。藉由「走出」神聖空間，走進你的日常世界，轉變自己的能量場。

觀想或意圖一個接地的地球能量泡泡，它從你腳下升起，逐漸包裹住你，將你所做的工作封存起來，並賦予你從事日常活動的力量。這個地球能量泡泡可能有特定的顏色，或蘊含特定的水晶、動物、精油或花朵的頻率，這些都能與你產生共鳴。

在儀式後，可以用煙晶（smoky quartz）的能量來封存自己。為此，你可以觀想或意圖這個過程，或者說：「煙晶，請立即封存我的能量場。」

練習之後

現在是時候停止思考這些靈性工作，回歸你的日常生活了。這樣想吧：如果你到餐廳點餐，卻在服務生要把訂單交給廚房前不停地叫住他，那你永遠也拿不到你的餐點！有時候，我們需要給事物一些空間和時間，使它們自然發生。我們可以透過療癒練習，讓我們種下的種子在信任中成長茁壯。我們則藉由回到日常，敞開心扉迎接後續一切，來展現我們的信念。

Chapter 7

Working with Archangel Raphael

與大天使拉斐爾一起工作

你將在這一章學習專以大天使拉斐爾來設計的練習。這些練習分成三個部分，第一部分將引導你設立聖環，它可以召喚大天使、提升能量並引導能量。練習的第二部分包括神聖的祈禱文和療癒請求，有十一個選項，你可以依需求做個人化的練習。練習的第三部分則教你如何接地並奉獻這次的練習。

你可以多次進行這個練習；它永遠不會彈性疲乏或使用過度，天使不在乎你的行為是否重複；祂們總是願意傾聽，並以祂們的恩典祝福你。

如果你願意，你可以用這個架構作為指引，創造自己獨特的練習，以讚揚並召喚大天使拉斐爾。

連結到你的心。你可以將手放在心口，深呼吸，刻意將你的注意力由大腦、思想和觀點，轉移到你的心、存在與內在的知曉。為了促進此一轉變，你可以想著讓你感激的事物。

當你心中充滿感恩和欣賞的正面情感時，大聲說出（或在心中默念）：「大天使拉斐爾，為了眾生的最大福祉，祢喚醒了我內在的神聖療癒、靈感和更新的力量。祢借助神聖的呼吸和清新空氣的力量，帶來嶄新的周期，清除過去，以樂觀重整我的心靈和思想。請保護並守護這個療癒的神聖空間，讓一切按照神聖的恩典發生。我親愛的天使朋友，我向祢敞開心扉，請賦能並祝福這項神聖的工作。如願所行。」

當你將手放在心口時，一道濃郁的祖母綠光芒會在你的右掌中形成。隨著你放鬆，它逐漸聚集並增強。

將右手臂伸向右側，開始用掌心流出的光，在身體周圍「畫出」一個綠色光環。即使你無法有意識地看見或感覺那道光，也沒關係——你可以相信它的存在。光從你的手掌流出，當你緩慢地向右轉動時，光環就慢慢在空中成形，直到你的手回到起點。

現在，你周圍已經有一個綠色的光環，形成了你的神聖空間。這個光環舒適地包圍著你。它可以根據你的舒適程度調整大小。這個光環創造了神聖的靈性空間，它可以與物理空間交疊，但不受其限制。在這個神聖空間中，你被支持、保護和包容，為你的靈性實踐提供支援。

觀看、感知、想像或意圖大天使的光與臨在穿透了綠色光環，使其內部空間充滿了愛與強大的正面能量。

如果你直覺地認為需要在光環中增添其他顏色，可以重複這個過程，意圖並觀想在光環的內圈添加額外的顏色層。

記住，這個光環的高度可以像個呼拉圈一樣，低掛在你臀部的位置，或者你可以用意念將之轉化為環繞你的光柱，光泡泡或球體，甚至是光的金字塔。這道光可以延伸到你的頭頂，延伸到地底下、你的腳下。以當下讓你感覺良好的方式來進行，但要知道，一個簡單的光環就可以很好地為你提供神聖空間和靈性保護。

請花一點時間複誦「大天使拉斐爾」數次，根據你的感覺來決定持續多久。歌唱、吟誦、低語或大聲地說出來——無論哪種方式，只要符合你當下內心的感受，就是最好的。想像、意圖或感受，隨著你重複這個天使的名字，你就是在增強大天使拉斐爾於你心中和神聖空間內的臨在。讓這份感覺變得美好、充滿愛與滋養。

每次我們與天使合作時，感受可能都會不同。某天你可能會感覺到某種美麗而強烈的存在；而另一天卻完全無感。如果你無法感覺到天使的存在，並不代表你做錯了什麼。按步驟進行，相信天使會在你身邊，即使你當下無法感知。有時我們的能量場較為紊亂，心事重重，感到疲憊。但在其他日子，我們可能會覺得更清晰、更放鬆、更專注，敏感度也提高了，將更有所感。這都是正常的，這是身而為人的一部分。

當你召喚大天使後，就該提升能量，並增強天使在我們心中和神聖光環中的存在感了。這進一步賦予我們的神聖工作力量。

你想如何提升能量呢？你可以繼續念誦大天使的名字，讓你的聲音歌唱，或讓你的身體舞動，創作音樂，或是在空中拍打你想像中的靈魂翅膀並大笑。比起強度和力量，喜悅和輕盈的心靈更能極大程度地放大能量。請選擇當下讓你感覺最合適的方式。

請記住，增強能量不一定需要花費很長時間，可能只需要花幾分鐘持續低聲念誦「大天使拉斐爾」，並且更專注，感覺自己正直接從心底與天使對話。這便足以讓能量提升好幾個層次了！

接著要表達這次儀式的意圖、原因或目的了。也許你沒有具體的原因，只是心裡覺得有需要，那也沒問題。你可以說：「我不知道今天為什麼要做這個儀式，但我知道有某種神聖的力量在召喚我的心靈，我希望能敞開心扉接受它，所以請大天使拉斐爾幫助我！」

如果你是代表他人進行這次療癒，請奉獻它：「尊重自由意志，我將這次療癒獻給○○○。願任何剩餘的能量被傳送至能發揮最大功效之處。」

然後，你可以繼續代表那位接受者進行練習。若有需要，能量將被重新導向到能發揮最大效用之處，所以你的工作永遠不會白費。

請記住，在為他人進行療癒前，要先徵得他們的同意。你必須尊重他們的選擇自由，而不是過於看重你自己的意見，決定他們應該做什麼，或你認為他們需要什麼。

如果以下的禱詞令你有共鳴，請選擇其中一個來支持你的工作。它們將協助你導引能量。你可以隨時根據自己的需求和靈感進行修改。

在與天使交談時，不需要膽怯。如果你犯了錯誤或做了你不確定的事情，天使也不會介意——祂們知道你的意圖是好的。你對自己、對這個過程及對天使都懷抱尊重，所以放膽去做吧！

與大天使拉斐爾一起工作——傳達療癒意圖與請求的神聖禱詞

這些禱詞是為療癒而設的祈請和意圖。你可以使用它們，調整它們，或創作你自己的祈禱。

多不一定好，你可以選擇做得多或少。記住，比起一場儀式做十個祈禱，每次儀式只念一段祈禱文可以更專注，也更強大。話雖如此，相信你的直覺，選擇對你來說合適的方式。有時你也可能精神煥發、精力充沛，感覺可以同時處理五個重大問題。隨時調整，充分信任。

擺脫虐待關係或虐待的情境

——禱詞——

親愛的大天使拉斐爾，我現在召喚祢的療癒綠光來保護我。請增強我的內在力量，照亮我面前的道路和選擇，幫助我分辨最好的前進方式，以便我能療癒、恢復並更新自我，在充滿愛、尊重與支持的新環境中再生。請在我心中灌注希望和智慧，讓我記起自己值得愛與尊重，這段負面的時期即將結束，一扇美麗的新大門正在為我打開。透過神聖的恩典，引導我到那個地方。如願所行。

觀想、感受或想像自己看見一道閃耀的祖母綠色光之門出現在你面前。這道門是從痛苦的過去，通往你生命下一個階段的門戶。你感覺門上方有一對閃亮的白色天使翅膀，這表示大天使拉斐爾正在保護你，讓你能順利前行。如果你準備好了，現在就想像、感受，或者站起來走過門檻。在你這麼做時，讓你的心中充滿和平、希望、釋放與勇敢的信任。

完成這個過程，把手放在心口，然後說：「我將自己交付給天使的保護和指引，走上現在為我安排的愛之道路，我在神聖時機的和諧中邁出前進的步伐。」

為所有承受自殺影響的靈魂尋求自由和療癒

——禱詞——

親愛的天使朋友，大天使拉斐爾，請療癒所有因自殺而受影響的肉身、思想與心靈。請祝福並淨化那些被絕望困擾的心靈，以及被痛苦壓垮的心智。願祢營造一個空間，容納所有內心經歷的真誠表達，以減輕許多靈魂沉重的負荷。透過祢慈愛的干預，願我們學會用心彼此聆聽和交流。在絕望的深處，當有人感覺離開生命是唯一選項，願祢的存在變得光明強大，提醒我們生命是一份寶貴的禮物，總有其他出路。對於失去摯愛的人，願祢的安慰進入他們心中，確保他們知道那些已然離去的人從未離開宇宙的聖愛之心。提醒他們，宇宙的心以無盡的溫柔與熱情，為每一個有情眾生跳動。如願所行。

想像你和所有需要幫助的靈魂——無論在地球上、在來世或任何維度——都沐浴在最美麗、最有修復力、最療癒與最滋養的祖母綠色的光芒中，其核心是純潔的白光。在這裡休息，感受這份愛在你心中的存在。知道這道光永遠在閃耀，並對所有需要協助的人敞開。你可以透過意圖或想像所有需要幫助的心靈打開自己，接受這道光的療癒恩典，並在其中找到安慰，從而增強你工作的力量。

擺脫飲食障礙

——禱詞——

親愛的大天使拉斐爾，祢知道所有身體、心靈和心智真正需要的是什麼。當我們難以辨認或承認自己真正的需求，或對如何最好地滿足這些需求感到困惑；當我們無處求助，只有批判或痛苦時，我們非常需要祢的療癒安撫，和神聖的祖母綠色光芒的安慰！請現在祝福我，祝福所有需要祢療癒的心靈。幫助我們從真正想要和需要的事物得到滋養，溫和有力地找到走出困惑、自我傷害和絕望的道路，進入和平、清晰、愛與滋養。請以愛和憐憫向我們示現療癒之路吧！

想像你的靈魂被慈愛的天使擁抱、滋養和安慰著，祂擁有一對散發白光的強大翅膀，還有顆閃耀著祖母綠光芒的心臟。你感覺完全被這個天使的愛安全地包圍著。如果你知道其他需要療癒的人，你可以透過觀想、意圖、感受或想像每一個需要幫助的人，身邊都有一位這樣的天使。如果他們願意，你可以想著天使的愛融化他們心中的恐懼或抵抗，讓他們也能感受到天使的擁抱。在你自己的天使連結中靜心停留，只要你感覺合適就好。

療癒自我傷害，包括身體羞辱和自我憎恨

——禱詞——

親愛的大天使拉斐爾，祢無條件地愛護、指引並保護著我，請現在帶來平靜與療癒到我的心中，使我能釋放那些覺得自己不夠好的信念，並記住我值得被愛與尊重。請幫

助我找到有效、療癒且溫和的方式來釋放我的痛苦，並克服我的苦難。請幫助我放下過去的指責、羞愧與內疚，並讓我意識到我是祢所親見及理解的模樣——我是宇宙中光輝燦爛的神聖之子，作為一個人類，經歷著靈性的體驗，透過今生的經歷成長和學習。請幫助我記住，我的身體愛著我，並在此支持我；我也可以愛我的身體，並為它付出。有時候，我很難對我的生命心懷感激，因為我感受到太多，但我也知道自己很堅強，如果我敞開心扉接受神聖的療癒，總會有一條更美好的道路等著我去發現。所以，我現在敞開心扉接受祢的恩典。請幫助我。我知道我值得祢的愛和幫助。我選擇心靈的平靜。我相信我需要的幫助會到來，我內心也有足夠的勇氣和智慧來接受這份幫助，並在我的療癒之旅中前行。

想像你正在一片綠色的光之海洋中休息。這道光具有療癒的力量。當它觸及你的身體，或者當你安全地吸收它時，它將治癒所觸及的一切。現在，讓自己接受所需的療癒。如果你想將療癒傳送給他人，可以想像或意圖他們也在這樣一片療癒之海中，可以接收他們願意接受的一切療癒。放鬆你的心靈，相信一切都在療癒天使的掌握之中。

為良好的健康、醫療照護、幸福安康與體態健美而禱告

——禱詞——

親愛的大天使拉斐爾，我感謝我的肉身，感謝它讓我在這一生中所做的一切、所成為的一切，以及所經歷的一切。請幫助我治癒並改善我的健康、活力和能量。︹如果你有特定的健康問題，可現在提出。︺我請求祢的指引、清晰和協助，讓我在當前情況下找到並辨識出最適合我的資訊。儘管有無數的觀點和意見，但只有某些東西在此時對我最有效。我信任祢的指引和自己的直覺，能幫助我找到最佳的前進步伐。我相信祢將協助我治癒，透過示現第一步、下一步，讓我找到我的道路。我對治癒充滿信心，並相信我將徹底而深刻地康復。對即將到來的療癒，我心中充滿感激、希望和喜悅，這激勵著我保持與祢的指引聯繫。願所有眾生都能獲得對他們最有助益的事物。如願所行。

你現在看到一條美麗的綠色小徑在你面前閃閃發光。那條路上有些小小的水晶，每顆水晶都在迎光閃耀。當你靠近其中一顆水晶，你會注意到下一顆，然後再下一顆，一步一個指示，一次次出現。你意識到，只要一步步依著指示前進，就能在你的道路上取得進

展。你深信自己將會抵達需要到達的地方，你沿著這些指示，走在正確的路上。你現在不需要知道一切，只要一步一步地前進，信任你被引領的方向，相信只要你不斷前進，就會看到結果。當你意識到這一點，你的心中可能會充滿感激和喜悅，讓這樣的感覺在心中停留數分鐘。

從靈性角度療癒肉身的不適或疾病

——禱詞——

親愛的大天使拉斐爾，有時我的人生對我來說是個謎。當我生病或感到不適，我並不總是明白原因，而且我往往會擔心自己做錯了什麼，或沒有學到某個課題。請幫助我釋放這種內疚、羞愧或恐懼。相反地，我選擇相信祢對我的愛，並有信心我能以深刻的靈性方式痊癒。如果有我需要學習的療癒課題，請幫助我以愛學習它。我明白這療癒課題可能是允許自己休息和恢復，足夠愛自己，不對自己的身體生氣，注意當下的狀況，並練習對自己友善。願我吸引到所需的幫助，願祢的慈愛之光和療癒之臨在，依據神聖的恩典和智慧，確保我的復原和靈性治癒。如願所行。

想像、感受或意圖你的整個存在本身和你的物理空間，正被輕柔、淨化、療癒的綠色

光芒沖刷洗禮。那道光轉為柔和的白光，其中包含著所有顏色，無論需要什麼顏色，都能自然地從白光中散發出來，進入你身體或心靈需要這種療癒色彩頻率的任何部位。在這個智慧的光之領域中休息與放鬆。

手術（術前、術中和／或術後）

——禱詞——

大天使拉斐爾，朋友及神聖的療癒者，我祈求祢為所有參與手術的人帶來特別的祝福，無論這手術將要進行、正在進行或已經進行。〔提出接受手術者的名字——可能是你或其他人——以及任何你想提到的其他細節。〕請在整個過程中陪伴、引導、保護所有參與者，使結果達到最好與最高的善。願神聖的愛顯化其最美麗的祝福。

你看到一雙閃耀著祖母綠色與純白光芒的天使翅膀，環繞著接受手術的人、醫生，以及參與術前準備、手術過程與後期護理的醫療人員。讓這一切都非常溫柔，無需使力。雙手合十，低下頭，讓你的心靈與身體變得平靜，知道天使正在守護這個過程和所有參與者。

療癒憂鬱症、慢性疼痛，或任何精神或靈性暴力

——禱詞——

親愛的大天使拉斐爾，祢療癒和撫慰的存在足以恢復我的精神，讓我的身體和思緒能煥然一新。請緩解我的慢性疼痛，並揭示一條超越它的道路；一條提供釋放與平靜的道路。願我能找到內在的智慧與力量，從忍耐轉為進化。願我找到扎根於希望的勇氣，在適當的時候採取正確的步伐，進入平靜、放鬆、療癒與恩典的層次。願我敞開心扉，迎接神聖的恩典，獲得超乎我預期的更深層次的療癒祝福。願祢的存在使我平靜和舒緩，讓我接受療癒的禮物。

想像或者意圖一道濃厚的祖母綠光芒環繞你的四周，穿越你每一層存在。彷彿每一個毛孔，身體的每一個細胞，都能吸收恰到好處的濃厚祖母綠之光，以滿足並服務於你。如果有特定的慢性疼痛、傷口或痛苦，想像那些微小的綠色和白色光球輕輕旋轉，清理著身體與心靈的這些部位，進行更新和恢復。給這些小光球足夠的時間進行治療工作，而你則放鬆休息。你可以自行決定休息時間的長短。

安全且充滿愛地強化你的自然療癒管道

——禱詞——

親愛的大天使與朋友拉斐爾，祢是神聖的療癒者，也是智慧與恩典的神聖管道。請祝福、強化並喚醒我的自然療癒管道。在祢清淨的生命氣息中，充滿了恩典與療癒。所以我吸入這份恩典，呼出恐懼、懷疑、負面情緒以及其他阻礙我療癒管道全然覺醒的障礙、誓言或問題。我向祢及祢的智慧校準，以引導我的療癒實踐，使其能服務於最大的善。

想像、感受或意圖你的心被柔和的白光祝福和喚醒，這白光之中有著祖母綠色的微粒。你的心像花朵綻放，美麗的白光帶著祖母綠色的微粒，向四面八方發散。它流過你的軀幹和腹部，沿著雙腿流向腳底和腳尖。它流經你的手臂，從手掌和指尖散發。它流經你的頭頂和後腦，再自頭的兩側流出，輕柔地自耳朵流出，更輕柔地從你的眼睛流出。當你張開嘴巴，伸出舌頭，光亦從你的嘴裡湧出。夾雜祖母綠微粒的白色光芒，沿著你的脊椎上下流動。你感覺內在得到了淨化和喚醒，這股流動的光將稍作停頓，接著將依照最適合你的節奏再次流動。

帶著對光的信心完成練習。為自己補充足夠的水，要喝乾淨、淨化過的水。在未來的數日或數週內，為你的身體尋找適度運動與充足睡眠之間的平衡。

療癒前世議題

——禱詞——

親愛的大天使拉斐爾，祢擁有超越時空限制的療癒能力。祢的雙眼無所不見，祢的療癒知識能克服身體、意識、心靈和靈魂的所有障礙和損傷。我忠實且勇敢地請求祢的療癒恩典，進入我過去世的歷史，治癒那些需要療癒的部分。我透過神聖的慈悲和恩典請求這一切，使我能更容易地履行今生的靈性任務，為所有眾生帶來最大的善。如願所行。

想像一條由祖母綠光芒形成的長梯，自心臟後方延伸至深邃的太空，超越了時間的界線。大天使將療癒傳送到此時此刻的你心中，並在需要時循著這條光梯持續傳遞。當療癒進行時，你可能會感覺需要移動身體、發出聲音、顫抖或釋放能量。你不需要有意識地理解這一切，也不一定非得看到任何異象；這個過程仍然有效。但當然，你可能會有感覺、體會或以其他方式感知到某些事物，這也是可以的。隨著療癒進行，這道光梯會逐漸收回，直到此時此刻只剩下你。大天使拉斐爾以祂的祖母綠之光和保護符號，將你的心臟後方封印。感恩並相信這是深層次的工作，它將根據需要繼續開展與整合。寫日記、身處大自然、瑜伽、冥想、沐浴，甚至是神聖舞蹈，都可以幫助你處理這些深層次的工作。接著放下它，不需要過度分析或非得理解所有一切。

療癒所有需要愛與寬恕的心靈

——禱詞——

親愛的心之守護者，大天使拉斐爾，請祝福我的心，使其記住它神性與愛的本質。我的心有能力做出如此勇敢、明智的無條件寬恕之舉，請以愛和自由賦予它力量。我選擇以自由意志，找回過去的所有自我，將充滿愛的心帶回當下，它能支持、滋養、激勵並啟發我走上神聖的心靈之路。我選擇原諒自己和他人的人類選擇與局限，我選擇在此時釋放自己的心。透過祢的療癒恩典，我的心不僅得到治癒，還變得更強大、更有智慧、更勇敢、更有愛心、更為敞開並光芒四射。

看見、感受或體會你的心，正被祖母綠的療癒光芒滋養著。這道光能清除並淨化過去的痛苦，使心靈的傷口得以癒合，並將心靈恢復到其自然的敞開、愛與純真的狀態。你可能需要透過寫日記、寫不會寄出的信以清理思緒（你可以將信丟棄，象徵放下）、允許情感起伏等方式來增強你的練習，以便表達你的真實感受，釋放過去並感到前行的自由。當你準備好了，感受心中愛與被愛的自由；感受心靈開放的喜悅。你的心充滿樂觀、勇敢、自信和愛。你是無可阻擋的。

當你完成練習，雙手合十，低頭鞠躬。

接地與奉獻

你已說出帶有特定意圖的禱詞，也完成其他療癒程序了，現在是時候讓自己接地，為這次練習做最終的奉獻。這有助於能量的整合，使其能為靈魂帶來所需的療癒結果，並顯化其神聖的命運。

接地有助於重新平衡能量，尤其是當我們陷入思緒、擔憂、焦慮、過度思考或過度工作時。接地需要帶著意圖，我們必須有意願與大地連結，方能實現。有時，如果我們感到焦慮或恐懼，那無論我們多麼想要接地，都很難實現。在這種情況下，你得將身心安置於你感到安全的地方或狀態中。可能是找個有隱私、放鬆又安全的地方，喝杯熱飲，安定你的神經系統，或是走進大自然。學習接地有點像是一門藝術。對於藝術家類型、敏感或易緊張的人來說，這可能有些困難；但一旦你有所掌握，你會找到最適合你的方法，讓自己一次又一次回到穩定的狀態中。

接地很重要，因為它有助於我們對自己所感受到的，以及周圍發生的事情，保持當下的覺知。它強化了我們與直覺的連結，幫助我們感受神聖指引的到來。如果我們困在頭腦裡（這是與接地相反的狀態），我們會因為思考這個又思考那個而感到困惑，不確定什麼才是適合我們的。

保持接地有助於我們感受和辨別自身對哪些事物產生共鳴，哪些則否。這有助於我們感受到天使的存在。尤其在靈性工作之後，讓自己接地是非常有幫助且具療癒作用的。因為靈性工作可能會激起內在一些不安的情緒，並使能量往上竄升。我們不想在做完靈性工作後感到心神恍惚或分離，因此要一遍又一遍地專注於接地。只要你有足夠的技巧，你也能在靈性工作中讓自己接地，如此一來，你將能更強烈地感知到在你的神聖光環中，於精微的層次實際發生的細節。

在你有意識的接地後，奉獻你的工作：「願今日在此而生的能量，為眾生帶來靈性的益處，並願所有多餘的能量被送往最能發揮效益之處。如願所行。」

當你如此奉獻練習時，你也是在給予和接收，這創造了非常好的業力循環！

將手放在心口，花點時間表示感謝。你可以簡單地說聲「謝謝」，或根據需要增添字句。或許像是：「請祢永遠與我同在，關注這項神聖工作的進展，即使我此刻關閉了這個神聖空間。願我記住，祢始終存在於我內心的神聖內在空間。」

為了關閉你創造的祖母綠光環，請觀想、想像或假想它已溶入大地，這樣滋養了地球，並為你的工作提供養分，使其得以在物質世界實現。

你已經完成你的工作，是時候回到日常模式了。如果需要，你可以進一步將自己接地，想像你的能量再次回歸地球。

你可能會喜歡把你的能量封存在一個白光泡泡中，或者握著一塊你認為有助於接地的水晶。深色的水晶如石榴石、煙晶或黑色璧璽，都有非常好的效果。你也可以把手放在花園的泥土中或樹上，感受與大地的連結，並封存你的能量場。

練習之後

你可以在心中反思你的練習，因為這是你花時間去做的一件特別的事情。回想其中某些部分，可能會讓你感到愉悅。但請將這些經歷保持私密，僅與他人稍稍談及（如果有必要），有助於封存能量並保持其強度，而不是讓它洩漏消散。一旦你感覺這個過程已經完成，相應的結果也已顯化，你就可以盡情談論它了。

在練習結束後，最好立即吃點東西或喝點水，散散步，淋浴或泡澡，然後換件衣服，繼續你的日常生活。

Chapter 8

Working with Archangel Gabriel

與大天使加百列一起工作

你將在這一章學習專以大天使加百列來設計的練習。這些練習分成三個部分。

第一部分將引導你設立聖環，它可以召喚大天使、提升能量並引導能量。練習的第二部分包括神聖的祈禱文和療癒請求，有十一個選項，你可以依需求做個人化的練習。練習的第三部分則教你如何接地並奉獻這次的練習，感謝大天使，然後結束聖環。

你可以多次進行這個練習；它永遠不會彈性疲乏或使用過度，天使不在乎你的行為是否重複；祂們總是願意傾聽，並以祂們的恩典祝福你。

如果你願意，你可以用這個架構作為指引，創造自己獨特的練習，以讚揚並召喚大天使加百列。

與心連結，是進入神聖空間最簡單且最有力的步驟。把手放在心口，閉上眼睛。這有助於你從思考轉為感受，從繁忙的思緒轉向正念和當下的存在。

讓你的心靈停留在那些能喚起快樂、愛與感激的事物上，如此能培養出一顆正能量的種子，這對任何靈性工作而言都是良好的基礎。（這往往能放大我們帶到練習中的任何能量。）

當你與自己的心連結，並感受到一種感激之情時，大聲說出（或在心中默念）：「大天使加百列，感謝祢現在的臨在，感謝祢為了眾生最大的善帶來靈性訊息、更高的理解與內在療癒的禮物。祢以能淨化和更新靈魂的神聖之水，洗淨我的心靈和思想，我已準備好體驗療癒和重生。請守護和保護這片神聖空間，使療癒能按照神聖恩典發生。我對祢敞開心扉，親愛的天使。我臣服於祢的保護與這項神聖工作的引導。如願所行。」

當你把手放在心口，一束明亮、閃耀的白光在你的右掌中聚集、增長。

將右手臂伸向右側，開始用掌心流出的光，在身體周圍「畫出」一個白色光環。即使你無法有意識地看見或感覺那道光，也沒關係——你可以相信它的存在。光從你的手掌流出，當你緩慢地向右轉動時，光環就慢慢在空中成形，直到你的手回到起點。

現在，你周圍已經有一個閃耀的白色光環，形成了你的神聖空間。這個光環舒適地包圍著你。它可以根據你的舒適程度調整大小。在這個神聖空間中，你被支持、保護和包容，為你的靈性實踐提供支援。

觀看、感知、想像或意圖大天使的光與臨在穿透了白色光環，使其內部空間充滿了愛與強大的正面能量。

如果你想的話，你可以讓白光變成閃耀的彩虹光，因為白光包含了所有的顏色。

這個光環可以變成你想要的任何形狀，例如蛋形、球體、金字塔或是一道光柱，它也可以保持原本的圓形，都還是能實現它的目標，為你的療癒和練習提供神聖空間。

請花一點時間複誦「大天使加百列」數次，根據你的感覺來決定持續多久。你可以試著輕聲說、低語、念誦或唱出這個名字。想像、意圖或感受，隨著你重複這位天使的名字，大天使加百列的天使臨在也在增長。你可以想像一開始只是一滴水，隨著你的吟唱，這滴水加入了大海，這將讓你感受到大天使的廣大無邊。

請記住，不論你是否能有意識地感受到天使的存在，這並不那麼重要。隨著我們對能量越來越敏感，當我們逐漸能感知這些事物，不是很令人愉快嗎？是的，這可能很美妙。但令人欣慰的是，僅僅只是請求天使的臨在，就足以實現神聖的連結和療癒。

召喚大天使後，就該提升能量了。用任何讓你覺得有靈感和適合的方式來做這件事；你可以一邊繼續念誦大天使的名字，同時一邊歌唱或跳舞（無論有沒有音樂）。

另一種選擇是拿一個碗裝滿水，把雙手浸入水中，再舉起雙手，享受水的感覺，讓水從手中滴落，同時重複這個過程。當你這樣做時，讓你的心靈輕柔地專注於大天使。你可以編一首小詩或說一句肯定語，例如：「大天使加百列，祢從水中升起，在我心中升起。」這是神聖的遊戲，請探索並享受過程！

記住，增強能量並不一定意味著你需要很「用力」地去進行這個過程，或花費很長時間。更重要的是加深你的專注和存在感。

現在是表達你內心所想的時刻。今天你為什麼會來到這個儀式空間？你需要療癒和實現什麼？現在就表達出來。

你可以像跟一位親密的老朋友談話般與天使交談。你不需要隱瞞任何事，或試圖讓事情聽起來很美好——真誠是有吸引力的。誠實會打開你的心，為解決問題創造最清晰的路徑。不要害怕在天使面前真實與敞開，在這個過程中，你會更了解自己，而自我認識是賦權與智慧的基礎。

如果你是代表他人進行這次療癒，請奉獻它：「尊重自由意志，我將這次療癒獻給○○○。願任何剩餘的能量被傳送至能發揮最大功效之處。」

然後，你可以繼續代表那位接受者進行練習。要相信如果他們想要，他們就會接受；而如果出於任何原因使他們無法接受，能量將流向能發揮最大功效之處（甚至可能回到你自己的靈魂療癒中）。

你可以從下列祈禱文中選擇一篇有共鳴的內容，來支持你的工作；或者你也可以直接說出心裡的想法。要知道，無論你今天帶給天使的是什麼，都是足夠的、適當的，也都能被神聖的天使加百列接收和回應。加百列是你的好朋友，祂非常愛你；祂希望幫助你療癒，並實現你心中的願望。

與大天使加百列一起工作——傳達療癒意圖與請求的神聖禱詞

這些祈禱文包含可用於啟動神聖過程的祈請和意圖。記住，多不一定代表更好。選擇與你有共鳴的內容，讓自己有所突破但不要過度用力，如此你才能敞開心扉，準備好接受。

散發內在與外在之美

——禱詞——

親愛的大天使加百列，祢能看見並揭示內在的神聖美麗，並展示內在之美於外在世界顯化的途徑，使所有見到它的人都能獲得療癒和啟發。我選擇放下對美的限制、痛苦經驗與觀點，並擁抱內心真實的神聖之美。我祈求療癒，使我的內在美麗能被看見，並知道當我內心感受良好時，這份美好將會閃耀並吸引一切需要的能量，來幫助我的療癒並實現我最高目的之神聖顯化。我相信祢的智慧、力量和溫柔，我允許祢淨化我有關美的痛苦，保護我免受因外貌而生的自我傷害，支持我擁有並能安住於我內在自我的真實美麗。

想像、觀想或意圖你得到了一面天使之鏡，這是你見過最美的鏡子，鑲嵌著珠寶與寶石，閃耀著燦爛的金光。當你看進這面鏡子，你會看見你心靈的真實美麗。但若你以小我的批判性眼光，是什麼也看不到的；你只能以心中的智慧之眼來觀看。當你願意並準備好這樣做時，你會透過心靈之眼看進這面鏡子，看見你自身的光輝與神聖的美麗回映在你面前。現在，全然接受這一切，讓你的心靈與意識獲得療癒。

聆聽真實的靈性指引

——禱詞——

親愛的大天使加百列，我祈求祢的祝福，溫柔地清除我耳中的負面、欺騙、錯誤訊息與分心干擾。願我的耳朵被溫柔地開啟和淨化，使其能聽見真實。願我的耳朵在祢的愛與保護下被打開，能聽到靈性的智慧溝通與真實的指引，協助我過上最好的生活，實現我的目標和潛力，成為我應當成為的模樣。我放下對於靈聽力必得以某種形式發生的期望，敞開心扉去體驗內心傳來的「內在聽覺」，使我的「靈魂之耳」能辨識出清晰、中立、簡單、有益、鼓舞人心與充滿愛的真實指引。透過神聖的憐憫和恩典，我祈求祢在完美的時機，以完美的方式讓我注意到任何我需要聽見的神聖訊息，支持我以智慧和勇氣識別、信任並採取行動。

然後，如果你願意，可以休息一下，輕輕地將手放在耳朵上，想像、感受或意圖你的耳朵正被充滿愛的能量溫柔地淨化和療癒。如果你願意，也可以將手放在心上。想像或意圖心靈與聽覺間的連結變得更強，內在聽覺正溫柔地展開，比你從外界聽見的任何話語都更強烈、更清晰。在這個過程中休息，只要你願意，可以隨時返回這個狀態。

撫慰情緒的療癒

——禱詞——

親愛的大天使加百列，當祢在我面前展開光翼，祢與我分享了撫慰人心的光明與安心感。我接收到祢的鼓舞，無論發生什麼事或眼前有何挑戰，我都會好起來的。我會找到前進的道路，並在這個過程中成長、療癒，增進我的智慧與幸福。我懷著愛意與感激之情，放鬆下來，感受祢的臨在。我知道祢與我同在，即使我看不出如何運作，但我相信一切都會按照祢慈愛的更高計畫運行。

想像你是個神聖的孩子，正在天使的懷抱中被撫育，天使的翅膀保護著你，以溫柔的聲音輕聲低語，告訴你一切都會好起來。當你準備好的時候，你能在天使的陪伴下堅強地站立。你相信自己足夠強大，擁有所有的內在資源，可以導引你航向你的路徑，並吸引任何你所需要的幫助，成功實現你內心的願望與靈魂的目的。即使在你感到脆弱時，也能看見、感受並體會到你被擁抱著。無論你感覺如何、需要做什麼，你總是被支持著的。

護佑所有失去摯愛動物夥伴的人們

——禱詞——

親愛的大天使加百列，祢看顧著所有生靈，使他們在神聖的愛中得到安全。我祈求祢為我的心，以及此刻我心中盼望的那隻心愛動物，賜予特別的保護與協助。︹如果需要提及特定情況——或許是看見一隻需要幫助的動物——或某隻動物夥伴的名字，請自由地談論那些珍貴的生靈。︺我祈求為這隻珍貴的動物帶來療癒和幫助。願這隻動物的靈魂在祢的神聖恩典、愛與安慰中得到保護。讓牠們在神聖中獲得安全，並指引牠們的靈性旅程。願任何負能量由牠們的各個層次被清除，使牠們能感知和平、愛與啟蒙。請幫助我連結內在的力量，使我能信任並放手，記住沒有任何生靈會被遺棄或與神聖之心分離。對於那些感到迷失的生靈，願他們現在真正感受到祢充滿愛與安慰的臨在。願一切眾生如今都在安全與愛中獲得指引，到達他們最需要的靈性自由之境。願和平與幸福在所有的心靈中醒覺。

看見、感知到或感受到一道充滿愛的白光，它包含著彩虹的所有色彩，那道光芒展開，形成了一座彩虹橋。這座橋能讓所有生靈——人類、動物、靈魂——到達他們需要去的地方。讓你的心感受到這座彩虹橋帶來的快樂和寬慰，讓自己放鬆，相信這座橋的磁力，相信它能在最佳的時機，以最好的方式吸引一切生靈走到橋上，將他們引向神聖的愛，並引導他們走在正確的道路上。觀想或意圖所有眾生，包括任何心愛的動物，都能找到通往這座橋的道路。在這片平和與寬慰中休息，直到你的心滿足為止。

護佑所有失去摯愛的人

——禱詞——

親愛的大天使加百列，請保護並引導我和我所愛的人，使我們的心靈能夠癒合，使我們的靈魂可以在始終於內在開展的神聖道路上，於神聖的愛、智慧、仁慈與恩典中茁壯成長。（如果你有特定關係需要療癒，現在就由衷地說出來。）願每顆心都記住，透過神聖之心，我們總是與愛與療癒的無盡源泉相連，引導我們繼續靈魂的旅程。請讓我與內在的勇氣連結，使我能以真誠、尊嚴與智慧度過這段經歷。我相信每個人都會在適當的時刻獲得療癒，都能在祢的恩典之翼下獲得庇護。

重複之前用以提升能量的過程，透過反覆念誦大天使加百列的名字來增加祂的臨在。感受一股充滿愛的光芒在神聖光環的中心成長。從那個中心點，愛向四面八方、穿越所有維度，照耀出去，療癒並支持與這個情況相關的所有生靈。相信這道光有足夠的力量來應對一切。現在放鬆，享受那道光帶來的安慰，讓你的心靈和意識充滿平靜。

療癒任何經歷極端痛苦或虐待的生命

——禱詞——

親愛的大天使加百列，在祢的光芒中有著神聖之愛、療癒、安慰和舒緩的非凡力量。願祢的光於此刻大量而充足地顯化於動物、人類、所有受苦且需要愛之療癒的眾生心中。請幫助我找到勇氣，允許我的心在經歷和目睹苦難時因同情而破碎。在那破碎之中，我的心將得到療癒，變得更強大；它將成為這世上更有力量的溫柔、愛、療癒與光的管道。在祢的幫助下，我將有勇氣面對自己經歷的苦難，並無畏地回應身邊受苦的人。我獻上我的祈禱和愛，使神聖的祝福和療癒能將所有生靈的苦難轉化為療癒、啟蒙和自由。願所有受苦者都能找到勇氣與智慧，穿越痛苦，走進神聖之愛的療癒臨在之中。

看見、感知、觀想或想像，那帶著神聖光芒、愛、療癒與智慧的天使之翼正來回擺動，創造出一陣清新的微風。那陣風吹散了有關苦難的想法、故事、解釋及恐懼，為清晰和勇氣創造出一個空間。在那真實存在的空間裡，一顆微小但強大，具備穩定、力量、智慧、勇氣、自由和喜悅的種子得以建立。這顆種子滋養的力量，提供了靈性的療癒，讓我們脫離恐懼。種子的光芒如同一顆內在的太陽，越來越明亮，穿透混亂與恐懼的雲層，提供了一條神聖的內在道路，使人們在生命中最困難的時刻也能覺醒和解脫。這顆內在的光之種子將成為完全光芒四射的太陽。這光之種子存在於所有生命的內心，向所有生命心中的光之種子送出愛和祝福。感受希望、信任、驚奇與平靜的感覺。所有的困難都將被克服！讓你的心於此體會中感到喜悅，溫柔地療癒並恢復平靜。不需要讓你的心智理解這一切；只要讓你的心去感受即可。

療癒所有歷經孩子（或其他摯愛生命）離世的所有人

——禱詞——

親愛的大天使加百列，我將這珍貴而心愛的靈魂（如果有具體的名字，請自由提及——這可以非常有力量）交托到祢充滿愛的照護中。我知道祢是所有靈魂的引導者和守護者。請確保他們從這個世界安全地進入充滿愛的靈界。願真正的神聖之愛的心靈緊緊擁抱他們。願這份愛的存在觸動我自己的心靈，以及所有感受到這次離去的人們的心靈。我選擇依靠祢來尋求安慰。即使處在深切的悲傷、失落、憤怒、悲痛、困惑、恐懼和疑惑之中，我仍允許自己感受片刻的平靜、信任和愛。請幫助我連結到我自己的真實情感過程；並請幫助所有涉及這次失落的人，以最適合他們的方式處理這件事。願療癒和釋放發生。願更深的智慧和信任浮現。儘管我們在這一生中分離，靈魂的連結仍在愛中持續，心中已建立的永遠不會失去。我臣服，我選擇療癒，我尊重自己的時機和祢的神聖支持。

觀想一座神聖的愛之殿堂，讓它成為讓你的心靈感覺美好的地方，它可以是自然中的一處（如森林或寧靜的小溪），也可以是神聖的房間或居所。在那裡，你的靈魂將與你所愛之人的靈魂相見。你有充足的時間，盡情表達你想表達的一切。意識到天使與你、以及你心愛的人在一起，祂守護著這神聖的交流空間。但這裡並非長居之地，也不是能停留太久的地方。這是一個療癒、帶來平靜，並讓愛的智慧引導靈魂邁向下一步的地方。當時機成熟，你能否在心中見證你的摯愛離開這神聖之地，並在天使的陪伴下進入美麗、充滿愛的金色光芒中？當你的心準備好，這一切將自然發生，且是正確、安全和美好的。接下來天使為你準備了一份禮物。它被金色的光芒包裹著，進入你的心中。這份禮物是只有你的心才能知曉、感知和接受的奧秘。它幫助你在釋放的同時，也記住對這個珍貴靈魂的愛，使你的內心得到自由與療癒。慢慢來。你可以根據需要多次重複這個過程。不要急躁。神聖時機總是按照更高層次的愛之智慧而開展。

安全且自然地開啟你的超感知能力

——禱詞——

親愛的大天使加百列，我信任從認識更深層的真理中獲得的智慧和自由，我放下對於無法處理或整合某些事物的恐懼。我放下過去因受批評或被拋棄所造成的創傷。我相信祢會引導和保護我，以更高層次的方式去看見、知曉與感知，此種方式於我和他人都是真正有益且療癒的。請幫助我以我自己的方式和時間，信任自身靈性和感知的覺醒。請提醒我，不要與他人或自己的想法及期望相互比較。我相信，在祢的療癒恩典中，隨著我準備好，我能接觸到的美麗智慧，將為所有眾生帶來最大的善。

看見、感知、感受或覺察到一道閃耀的白光在你的心中甦醒，並開始向四面八方照耀。它以最適合你的方式淨化、療癒並使你敞開。你可能會注意到這道光集中於身體的某些部位。允許這道光的神聖智慧引導它自己的過程。最後，以乾淨、純淨的水為身體補充水分並休息。根據你的需要，隨時重複這個過程。

——

靈性與超感知能力的覺醒，通常作為一個過程、在一段期間內發生，會是更令人愉快且具療癒效果的，而非作為單一事件。當它適合我們，即可能會以戲劇性的爆發形式發生，但我們總是需要花時間逐步適應敏感度的變化。當經歷可能表現為敏感度提高的體驗時，請多休息。加強你的靈性保護練習（詳見第五章），以支持你在覺醒過程中肉身、情感、心理和精神的健康。

釋放來自今生或前世阻礙你進展的誓言

——禱詞——

親愛的大天使加百列，有祢作為我的見證和守護者，我現在選擇以自由意志釋放在此生或其他世所立下的所有誓言，無論這些誓言是有意識地、在脅迫下或在混亂中立誓。我以內心的平靜和寬恕釋放所有相關的人，包括我自己。我請求祢淨化並歸還任何對於實現我的道路及神聖潛能所必需卻失落的能量、天賦、技能、資源、連結與機會。我主張完全的責任和靈性主權，如此我才能為所有人的靈性利益，實現我最美麗且充實的人生道路。透過神聖的恩典，如願所行。

看見、感知、觀想、想像、感受或意圖你的喉輪，也就是喉嚨底部，有一道白光在閃耀。這道光可以轉變成任何需要的顏色。你不必引導它，只需讓它自行轉變。這道光將清除那些向舊有誓言流洩能量的靈性能量索。當它們斷開，這些能量將被白光淨化，並流回你的能量場。你不需要理解這個過程，只需放鬆並允許它發生。如果你對能量很敏感，可能會感受到某些變化，或莫名覺得需要移動身體。這沒有任何問題。只需要與你的真實體驗同在，由它自然發展。當你準備好的時候，就是時候休息了。而你隨時都可以再回到這個過程。

療癒與雙生火焰和／或靈魂伴侶的議題

——禱詞——

親愛的大天使加百列，祢是將命中注定的人聯結在神聖之絆（sacred bonding）中的引導者。我祈求祢的療癒和協助，使我能辨認並接受雙生火焰和靈魂伴侶的療癒。愛在沒有先入為主的觀念和批判性的期望下能蓬勃發展，無需符合特定的時間框架或屈從於個人的幻象。愛使我們敞開心扉，促進成長，強化我們允許自由、療癒和真理顯現的能力。請幫助我找到內心深處的勇氣，以吸引、擁抱並療癒對我今生靈性覺醒至關重要的雙生火焰和靈魂伴侶體驗。請幫助我理解靈魂伴侶和雙生火焰經驗的更高目的。願我有福能於神聖之愛中體驗到合一的寬慰。我接受進入更高的愛之奧秘的啟蒙，包括尊重與榮耀自由。

看見、感知或想像一顆由白光構成的跳動的心。它強而有力且神聖，跳動著簡單而永恆的節奏。感受到在那顆心中，所有的生命體從中湧現。一顆心與許多的生命體，總在更深的層次上相連，但同時又自由地走自己的路。他們可能一次次地往返重聚，但事實上，他們永遠相連，因為他們同心跳動。他們永不迷失，即使他們的生命道路暫時將他們分開了，依然有著深厚的愛的連結。在這裡休息，在這裡找到平靜。無論我們個人的道路欲將我們引至何方，每個靈魂都有一處歸所，在與神聖宇宙之心的連結中歇息，這裡充滿了愛、寬恕、平靜、友好與自由。

吸引健康的靈魂伴侶連結

——禱詞——

親愛的大天使加百列，願我的心之振動吸引我的靈魂家族。請幫助我敞開自己，與那些健康且真誠的連結相遇，獲得共同的靈性成長、療癒、覺醒與進展。願所有能相互療癒及幫助的靈魂家族獲得祝福及引導，找到並滋養彼此，為所有眾生帶來最大的善。請幫助我信任自己的智慧和辨別力，與過去和解。我以寬恕釋放過去，選擇從經驗中學習。我自信地敞開心扉，以最適合我心的方式連結。我信任祢的保護，以及我自身的療癒、進展及神聖生命路徑。

想像你正走在一條道路上，許多小徑連接著你的道路。某些路徑會讓人們暫時加入你的旅程，其他小徑則讓人們暫時離開。也許未來將重逢，而當你們靈魂之間的靈性契約完成時，你將平靜自在地放下。天使與你同在，引導你走過這條道路的曲折轉折，使你所有連結和關係中的神聖意志與更高目的變得清晰。這讓你更容易識別，你在過去的關係中需要學習或療癒的部分，並協助你放下。你可以更自由地敞開心扉，更輕易地歡迎某人進入你的生活。感知天使的白光吸引並祝福你所有的連結——過去、現在和未來——為所有人達成最迅速且最美好的療癒結果。讓你的心感受平靜。

接地與奉獻

在祈禱和療癒過程之後，是時候讓自己接地以整合能量，並將此次練習奉獻給最大的善。

站起來，或做任何能讓你的注意力和重量集中到腳上的動作。將你的意識「放在」腳上。真切地感受腳底、腳跟、腳趾下方和足弓的存在，感知你的腳與地板之間的物理連結。想像你雙腳的能量流入大地，而大地的能量輕柔地向下拉你的腳，藉由重力的幫助，讓你感到安全並穩穩地接地。

接地後，請說出以下的話來奉獻你的工作：「願今日在此而生的能量，為眾生帶來靈性的益處，並願所有多餘的能量被送往最能發揮效益之處。如願所行。」

將手放在心上，感謝這位令人驚嘆的天使與你同在，並給予你全然的關注。愛與療癒是強大的力量。當你準備好時，說聲「謝謝」。你可以考慮加上這句話：「請祢永遠與我同在，關注這項神聖工作的進展，即使我此刻關閉了這個神聖空間。願我記住，祢始終存在於我內心的神聖內在空間。」

欲關閉這個聖環，可以觀想、想像或假想這個神聖的白光光環（或彩虹光環）所構成的神聖空間已溶入大地。如此將滋養大地，並為你的工作提供養分，使其能為更大的善而顯化。

你已經完成了你的工作！現在是時候離開神聖空間，封存你的能量，然後進行更日常（但同樣重要）的活動了。你可以做任何事情，幫助你在精神上回到正常生活。例如，洗手並將一些冷水潑在臉上，再用濕漉漉的手掃過你的光環——也就是圍繞在你身邊的能量場——彷彿將你在工作中帶入體內的所有神聖能量封存起來。

練習之後

你可以擁有練習過程中的美好回憶，也可以思考你尚未完全理解的事情。但不要在腦海中反覆重溫這過程，並執著於它是否成功。你需要以大膽無畏的精神來進行這項工作，而這意味著以信任與好奇的精神放手。

保持你的工作隱私。只在你覺得合適的時候，才與你信任的朋友談論它。就像有些女性要等到對懷孕感覺安穩後（通常是在進入第二孕期之後）才會公開談論，我們必須允許靈性工作有時間治癒和發展，直至合適的時機才能公開討論我們的練習（如果我們覺得有此必要）。

在靈性工作中保持一定的隱私，將標誌它的特殊和神聖。這並非隱藏。如果你願意，你可以公開，完全「靈性出櫃」，分享你對天使的愛並與祂們一起進行療癒，但練習的細節與描述最好保留於心。記住，種子不能在全光照的環境中生長，它得在黑暗的土壤中才能發育和發芽。

Chapter 9

Working with Archangel Uriel

與大天使烏列爾一起工作

你將在這一章學習專以大天使烏列爾來設計的練習。這些練習分成三個部分。

第一部分將引導你設立聖環，它可以召喚大天使、提升能量並引導能量。練習的第二部分包括神聖的祈禱文和療癒請求，有十一個選項，你可以依需求做個人化的練習。練習的第三部分則教你如何接地並奉獻這次的練習，感謝大天使，然後結束聖環。

你可以多次進行這個練習；它永遠不會彈性疲乏或使用過度，天使不在乎你的行為是否重複；祂們總是願意傾聽，並以祂們的恩典祝福你。

如果你願意，你可以用這個架構作為指引，創造自己獨特的練習，以讚揚並召喚大天使烏列爾。

心的連結是我們進入神聖領域的門檻。什麼能讓你與心連結？美妙的音樂？把手放在心上？反思並表達你生命中真正感激的事物清單？花片刻時間跳舞或唱歌？現在就與你的心連結，開始你的練習吧。

當你與心連結並感受到感激之情時，大聲說出（或在心中默念）：「大天使烏列爾，我榮幸並敞開心扉於祢的臨在。我感激地承認祢為一切眾生帶來無數祝福的豐盛與繁榮。祢支持神聖之光的具現與顯化。我已準備好並願意接受祢的療癒、指引與支持，以實現我的內在潛能，為一切眾生帶來靈性利益。我信任祢會守護並保護這個神聖的療癒空間，使一切依神聖旨意發生。如願所行。」

當你把手放在心口，一束明亮、閃耀的金光在你的右掌中聚集、增長。

將右手臂伸向右側，開始用掌心流出的光，在身體周圍「畫出」一個金色光環。即使你無法有意識地看見或感覺那道光，也沒關係——你可以相信它的存在。光從你的手掌流出，當你緩慢地向右轉動時，光環就慢慢在空中成形，直到你的手回到起點。

現在你周圍已經有一個明亮的金色光環，形成了你的神聖空間。這個光環舒適地包圍著你。它可以根據你的舒適程度調整大小。這個光環創造了神聖的靈性空間；它可以與物理空間交疊，但不受其限制。在這個神聖空間中，你被支持、保護和包容，為你的靈性實踐提供支援。

觀看、感知、想像或意圖大天使的光與臨在穿透了金色光環，使其內部空間充滿了愛與強大的正面能量。

如果你靈感迸發，可以金色光環裡添加更多層次的顏色，如紫色、藍色、銀色、祖母綠或寶石紅。這個光環可以變成你想要的任何形狀——蛋形、球體、金字塔或一道光柱——或者它也可以保持圓形，都還是能實現它的目標，為你的療癒和練習提供神聖空間。

請花一點時間複誦「大天使烏列爾」數次，直到感覺合適為止。唱誦、吟唱、大聲或輕聲說出……選擇任何能幫助你專注並感受到內心與天使連結的方式。想像、意圖或感受，隨著你重複天使的名字，你正在增強大天使烏列爾於這個神聖空間中的臨在。

如果你沒有什麼特別的感覺，也不必驚慌或擔心它是否有效。信任。一切安好。繼續你的練習。

一旦你召喚了大天使，你可以用任何讓你感覺合適的方式增強能量。重複天使名字的同時，也同步拍手、跳舞或播放音樂等等，都能有效達到這個目的。你也可以靜靜地觀想自然的力量流入神聖空間，將地球母親的療癒能量注入其中（因為大天使烏列爾與土元素相關）。

將手掌置於地面，感受並意圖你正與深處的大地能量連結，並說出一些話語，像是：「大天使烏列爾，自大地升起，現身於我心。」這同時可帶來美好、接地與振奮的感覺。即使你只是短暫地這樣做，也足以讓你真正感受你正在加強神聖空間中的靈性能量。

引導能量意味著表達你內心的想法並為練習設立意圖。這可能是針對特定問題，或者你只是想連結並允許天使的智慧去做它需要做的事。

表達你的意圖需要你連結內在的真理，如此你才能真誠地表達自己。這本身即是有益且療癒的。當我們處於神聖空間並發自內心說話時，有時會感覺終於觸及自身的真實，獲得清晰並重新連結到內在的力量。這可能會是一種極大的寬慰！

如果你是代表他人進行這次療癒，請奉獻它：「尊重自由意志，我將這次療癒獻給○○○。願任何剩餘的能量被傳送至能發揮最大功效之處。」

你可以繼續代表那位接受者進行練習。要相信如果他們想要，他們就會接受；而如果出於任何原因使他們無法接受，能量將流向能發揮最大功效之處。

請記住，如果你選擇為自己進行療癒，練習結束時的奉獻可確保此次工作也能以任何可能的形式為他人帶來益處。

以下的祈禱文是工作的起點。你可以隨意添加或調整內容。記得，你必須對自己的言語承擔完全的靈性責任。

你得確保自己的言語是盡可能地充滿愛、智慧與誠實的。我們總會有暴躁易怒的時刻，沒有關係。我們總是有能力道歉，並請求靈性的療癒，協助我們清理自身所致的任何混亂。我們無需害怕自己的人性。

然而，當在神聖空間裡進行靈性能量工作時，我們確實必須特別注意，不要使用言語來對任何人事物施以負面或控制的意圖。在我們的神聖工作中，我們遵循業力法則，也稱為「三倍回報法則」（threefold law of return）。這意味著你付出什麼，就獲得什麼——而且是加倍回報。隨著你的能量日漸強大，你的言語帶來的影響就越大，這個回報法則在你的生活中也會益發明顯（無論是好的還是壞的）。

有意識地將負面情緒指向任何人或事，對自己或他人而言都不是明智或善良的行為。更好的做法是專注於如何超越負面情緒，並請求靈性智慧來尋求解決方案。我理解，有時候我們可能就只是想好好抱怨某人或某個情況。如果你真的需要這樣做，請聰明地選擇時間，而不要在進行魔法工作時這樣做。留一些私人時間，請求天使保護你（以及你批評的對象）免受任何負面情緒的影響，如此你就可以自由發洩而不會造成傷害。

一旦你發洩完畢——無論是私下大聲說（你的天使是個傾聽者）或寫在日記裡——接著你可以請求天使幫助你清除那些釋放出來的能量，讓你的心找回平靜。

如果你真的已經充分發洩了，你可能會對牽涉其中的人（包括你自己）更有同理心。你會有能力道歉，接受及給予寬恕，以更積極的態度來面對，準備好接收神聖的解決方案。

與大天使烏列爾一起工作——傳達療癒意圖與請求的神聖禱詞

選擇與你的心產生共鳴的禱詞及步驟。如果你願意，也可以自由嘗試自己的想法。

修復技術問題

——禱詞——

親愛的大天使烏列爾，我拋開對科技的挫敗感，祈求祢的祝福和介入，使任何問題都能為了最大的善獲得解決。我現在將所有的壓力與擔憂交給祢，並相信任何問題、故障、損失及困難的答案都將迅速解決。我相信自己被照顧著，且重要的事物將獲保護與保存。如願所行。

想一想，現在有什麼能幫助你放下。會不會是透過觀想，例如將你的擔憂放在一個銀盤上，請天使將那盤子帶走，送至神聖意識中療癒？或者是聽音樂？唱歌？又或是花點時間伸展和做瑜伽？找時間放鬆，專注於你的呼吸？即使只有一兩分鐘，也要盡力在信任中放下。在那短暫放下的片刻之間，你為神聖力量提供了空間，以有利的方式解決問題。接著相信你的直覺，讓它引導你的下一步。

祝福所有食物（尤其是在不明情況下準備的食物）

——禱詞——

親愛的烏列爾，我心中對這食物的祝福充滿感激。我請求祢淨化並清除其中的任何負面或低頻能量。願所有參與這餐點創造的眾生，此刻都被祢的光與愛所祝福。願這餐點能為身心靈帶來健康，願我享受這餐點的愉悅能與所有參與其創造的人共享。願一切眾生快樂而自在。如願所行。

將你的手放在心上，再將手懸於食物上方。看見、感知、感受或意圖天使的祝福透過你的手流入食物。在此過程中，心懷感恩。相信愛的力量能帶來超越時間和空間限制的祝福。

祝福場所和空間——清理移除負面能量

——禱詞——

親愛的大天使烏列爾，大地、顯化、療癒和神聖空間的天使，透過祢充滿愛的參與及賦能，我現在奉獻這個地方／空間／物品。在這個過程中，所有的負面能量、印記與關聯、不正當的主張及干擾，現在都被清理並永久移除。祢的天使之光包圍、注入並恢復這個地方／空間／物品，帶來神聖的祝福和保護。我心中對這份祝福充滿感激。願這個地方／空間／物品始終服務於最大的善，協助我實現我的神聖目標。如願所行。

感受、看見、感知或意圖一道美麗、閃亮的金光，它深入滲透你正在淨化與祝福的空間或物品。你不必理解或辨識被移除的能量，只需知道它們將被金光吸收，留下靈性上潔淨的畫布。藉由這個嶄新的開始，你可以設定意圖，讓這個地方／空間／物品成為這世上神聖之愛的載體，幫助你實現更高的目標。金光開始增強，直到你感受到金色的靈性光輝，彷彿你的空間或物品從內部發光。當你準備好時，雙手合十，低頭致謝。

祝福旅程

——禱詞——

親愛的大天使烏列爾，請以神聖的保護及恩典祝福這次旅程。﹝如果你願意，可以提及旅程的任何具體細節。﹞願此次旅程最高的愛之目標得以實現，並願旅途中的經驗能產生愛、智慧、療癒與正面能量，服務於最高的善。儘管我將與熟悉的事物，或許還有我所愛之人暫時分離，但我知道心靈的連結依然強大，祢慈愛的天使之光永遠不會離開我的身邊。我相信正在開展的道路，以及祢優美適宜的保護與引導。如願所行。

你看到一條道路被多位天使圍繞和引導——天使的數量取決於你的需求。這些天使保護、引導並指引道路的同時，也允許那些能幫助靈魂成長的經歷和學習發生。當你想到一段新的冒險、自由的全新體驗，以及那些有趣而陌生的經歷能為你的靈魂帶來的能量、並賦予你內在發展的力量時，心中可能會感受到一股平靜與興奮。

為特定意圖奉獻水晶、聖壇或其他聖物，並為其充能

從前一個「祝福旅程」開始，接著繼續。將你的左手放在心上，右手放在物品上。說：

透過大天使烏列爾的祝福介入與保護，我現在將這神聖的工具奉獻予神聖之愛的療癒力量與我最高目標的實現。〔如果你的工具有特定用途，可在此時提及。〕透過神聖的恩典，願我的意圖，以所有眾生皆能獲得靈性益處的方式實現。如願所行。

讓金色的光芒在你的心中增長，這是無條件的愛與智慧的神聖之光。它從你的右手流出，進入聖物之中。持續這個過程，直到你感覺合適，然後放下。感受你的意圖與奉獻的物品融為一體。這個過程中充滿喜悅。祝福已經完成。

克服無價值感

——禱詞——

親愛的大天使烏列爾，請幫助我釋放對於認為自己不如人、不值得或不配得的依附。這些感覺並不真實，也無助於我實現人生目標。我可能曾經相信它們能保護我免於失敗，或認為自己不夠好，無法被愛或尊重，但我心裡知道，我不再需要這種信念體系了。懷著信心和勇氣，我請求祢以美麗的金色光芒溫柔而徹底地淨化我的心靈。我敞開自己，迎接對自己和命運的新觀點與新信念，並且祢溫柔而強大的臨在將永遠陪伴著我。願我獲得靈魂需要的自由、開悟與平靜。如願所行。

感覺你被包裹在一個旋轉的金色光球中。它像溫柔的洗衣機，輕輕地旋轉，一下往前，一下往後，溫和地淨化你的身心靈。休息一下，甚至可以輕輕地左右搖擺，讓自己在這個過程中放鬆和臣服。當光球靜止時，你已被淨化並且準備好了。花點時間適應這種新的感覺和狀態。讓金色的光芒成為一層堅實而健康的「靈性皮膚」，包覆著你，在你練習愛與信任自己美麗的神性自我時，保持安全和穩定。

療癒財務恐懼，敞開於豐盛

——禱詞——

親愛的大天使烏列爾，我現在選擇以自由意志清除有關金錢、生存、恐懼和豐盛的遺傳程式和信念系統。我選擇相信神聖無限的資源將流入我開放而慷慨的心中。我將獲得一切必要的資源，來邁出神聖生命旅程的下一步。我不需要因為害怕失去，緊抓不放。我相信，當我放鬆並敞開心扉時，祢療癒的金色之光會繼續清除限制我接受能力的舊模式，並將為我開啟與宇宙之間信任和愉快的關係。祢讓我的心靈平靜，使我的心靈能自由地專注於帶來喜悅和熱情目標的事物。我將擔憂的能量轉化為充滿信心的祈禱與快樂的交托。我以耐心、信任和信心邁出下一步，相信一切都將在完美的時機和形式中展開。如願所行。

看見、感知或感受一股金色的光在你的脊椎底部、腿部和腳部盤旋，深入至你腳下的大地。那道金光清理了你的海底輪，幫助你理解無論你的原生家庭發生了什麼事，你都屬於這個地球。你有需要實現的路徑與目標，並將於各方面獲得支持。讓這道金光舒緩並釋放你對金錢或任何形式的物質及情感支持，所抱持的恐懼和焦慮。讓這股新能量充分滲透，以不同頻率重新改寫你的海底輪，好與你的心靈達到和諧共榮。信任能增強這個過程。你可以根據需要，多次進行這個練習，學會仰賴這個取代你舊有觀點的新方案。

顯化足以令你平靜且開展的金錢及所有資源

——禱詞——

親愛的大天使烏列爾與慈愛的地球母親，感謝祢們賜予我這條生命路徑，以及我出生的神聖靈性目的。即使我不清楚自己該做什麼——或許也不知該如何達成——但祢們知道，並提供方法和途徑。現在，當我在心中接收祢們的金色祝福之光，動物、水晶礦石與植物王國的療癒支持，來自療癒之地的地球能量，以及在此物質世界中實現我靈性使命所需的一切時，我的心中充滿感激。感謝慈愛的祢們的慷慨、善意、智慧和恩典。我以感恩的心接納這一切，使我的成功人生道路能為所有眾生帶來靈性的益處。如願所行。

看見、感知、感受或想像你可以透過腳底，接收地球母親的祝福與療癒能量。這股能量上升進入你的身體。你可能會看見或感知到某些來自地球母親的能量，例如水晶、植物、動物、顏色或其他能量，進入你的能量場並豐富你的靈魂。你不必刻意導引這過程，只需放鬆並允許它發生。相信你的靈魂會吸引到你所需的能量。當這個過程完成，大天使烏列爾將在你周圍以金色的光球祝福並封存之。

保護動物

——禱詞——

親愛的大天使烏列爾與慈愛的地球母親，我發自內心，為所有動物的靈性保護和療癒，獻上這個充滿愛、能量、善意與同情的祈禱。我無法理解為何動物遭遇苦難和虐待，我很難接受，但我知道祢們有能力為所有心靈帶來平靜。我將我的掙扎，以及對動物的愛奉獻給祢們，願祢們能利用這股能量，為所有需要的生靈帶來有益的療癒。願我永遠是神聖解決方案的一部分！請指引我以最好的方式成為療癒的管道，運用我獨特的天賦和能力，促進療癒的改變並啟發他人找到自己的方法，成為我們這個星球上的正向存在。透過祢們的智慧與介入，願所有眾生找到靈性的解放與平靜。如願所行。

看見或感受你的心正在傾注愛意。如果你情緒波動，那也無妨；將這些情緒也奉獻出來。將你的聲音、吟唱、困惑、奉獻、憤怒和其他感受一併送出。觀想或想像這些情感從你的心中傾瀉至張開的雙手中，被天使轉化為金色的光芒；而地球母親則利用這光芒，於深層的靈性層次療癒所有的生靈——包括那些深受創傷，以致為其他生物帶來苦痛的存在。

持續這個過程，直到你的心中感到平靜與信任。當你需要時，可以隨時重返這個過程。你可能會發現，隨著時間的推移，會帶來一些智慧與慰藉，能幫助你在面對苦難時保持同情的空間，而不失去心中的平靜。若情況不如人意，也不要陷入絕望。在你將愛傳遞給所有需要的生靈時，也向聖靈尋求愛的支持。

保護我們的地球

——禱詞——

親愛的大天使烏列爾與慈愛的地球母親，我發自內心獻上這個充滿愛、能量、善意與同情的祈禱，為我們星球的靈性保護和療癒祈願。我無法理解為何污染和對地球的傷害依然持續，我很難接受，但我知道祢們有能力為所有心靈帶來平靜，為所有意識帶來智慧。我將我的掙扎以及對環境與生物的愛奉獻給祢們，願祢們能利用這股能量，為我們的生態系統帶來有益的療癒。請幫助我們的生態系統中最需要協助的部分。我獻上我深切的意圖、內心的智慧與靈魂的能量，致力於地球的療癒。請指引我以最好的方式成為療癒的管道，運用我獨特的天賦和能力，根據祢們的神聖恩典和創造性的智慧，成為解決方案的一部分。願所有眾生都能認識並受益於祢們充滿愛、同情與恢復力的智慧。如願所行。

看見或感受你的心正在傾注愛意。如果你情緒波動，那也無妨；將這些情緒也奉獻出來。將你的聲音、吟唱、困惑、奉獻、憤怒和其他感受一併送出。觀想或想像這些情感從你的心中傾瀉至張開的雙手中，被天使轉化為金色的光芒；而地球母親則利用這光芒，在深層的靈性層次為我們的星球進行療癒。

持續這個過程，直到你的心中感到平靜與信任。當你需要時，可以隨時重返這個過程。隨著時間的推移，你可能會發現，有些智慧和慰藉能幫助你在面對環境變遷時，保持同情的空間，同時堅信地球母親的療癒力量，並保持內心的平靜。當你感到對地球的擔憂已無法承受時，便更深地依靠你神聖的連結。在這樣的時刻，你只需要在靈性上更強烈地被支持，就能繼續散發心中的光芒；並保持開放的心態，為所有需要的眾生持守一個開放、具吸引力的空間，讓解決方案得以顯化。

療癒與母親相關的議題

——禱詞——

親愛的大天使烏列爾，此刻請以平靜、寬恕、同情和理解祝福我的心靈，讓我和生母獲得我們所需的療癒。願我祖輩中母性的傷痛得到療癒。願所有眾生的母性傷痛得到療癒。願宇宙之母的恩典祝福所有心靈，使我們能寬恕人的局限性帶來的痛苦，以及在試圖療癒這些痛苦並尋求平靜時所遭遇的挑戰。我祈求針對任何因與母親間未解決的糾葛而引發的問題進行療癒。（請提及你認為相關的具體問題，例如飲食、歸屬感、自我價值或獨立性等。）願所有母親找到愛與被愛的平靜與自由，能自由地生活，也能讓他人自由地生活。如願所行。

觀想或感受一個充滿愛的女性臨在——無條件地明智與慷慨的宇宙之母——正將她心中的光照耀在你、你的母親，以及所有你希望納入這次療癒的母親身上（例如你的祖母或那些失去孩子的母親）。宇宙之母的眼裡有愛，如星塵般從天而降，閃爍著落入你和所有需要母性療癒的眾生心中。無論星塵落在哪裡，都會淨化、清理和祝福。讓這個過程為你的心帶來平靜。母親對你的忽視、遺棄、侵犯或虐待，是因為她自身的創傷，與你無關。現在，允許自己被宇宙之母完美地愛、珍視與敬重。讓你的心被接納和珍惜，感受到深層的療癒，以及安全感與歸屬感。你是被愛的。你是值得的，是珍貴的，是宇宙之母的孩子；她總是注意且關愛你。在這裡休息一下。如果情感湧現，讓它們表達出來並消散。與宇宙之母在一起，多久都可以。當你準備好了，天使將以金光圍繞你，把療癒的能量封存起來，讓它能持續發揮作用，直到你不再需要。

接地與奉獻

在祈禱和療癒過程後，必須進行接地和奉獻練習。

你要有意識地接地，專注於呼吸的流動以及身體的重量，想著身體與椅子或地板的接觸點，這是很好的接地方法。有意識地動動手腳也有幫助，或者你也可以感受皮膚上空氣的溫度。這些做法能幫助你把注意力集中到當下。

我剛開始進行靈性工作的時候，並不知道接地的重要性。有一次，我在深夜離開了一個靈性光環，沿著繁忙的高速公路開車回家，竟然忘記開大燈！這對我和其他人來說都是非常危險的。幸運的是，我受到聖靈的保護，沒有發生可怕的事情。大約一小時後，我終於回到家，被自己的錯誤嚇壞了。那次經歷震攝了我，讓我學會接地以及從神聖空間回到日常世界的重要性。

多年後，我意識到接地有助於將內在靈性工作的魔法，轉化為我們的物質現實。我和天使們有美好的經驗，但我仍感覺生活有些混亂，這令我沮喪。我希望靈性的美能觸及並改變我的生活體驗，而接地是實現這一點的途徑。因此，我開始更注重接地。雖然要讓我從思緒中脫離出來很困難，但隨著時間推移，我學會了如何更好地做到這點。如果你也想這麼做，一定可以的。

接地後，請說出以下話語來奉獻你的工作：「願今日在此而生的能量，為眾生帶來靈性的益處，並願所有多餘的能量被送往最能發揮效益之處。如願所行。」

將手放在心上，感謝你與天使之間的連結，使你能增強你的靈性能量，並與神聖建立更深的連結。

當你準備好的時候，感受那份心靈的連結，並簡單地說一聲「謝謝」。你可以考慮加上這句話：「請祢永遠與我同在，關注這項神聖工作的進展，即使我此刻關閉了這個神聖空間。願我記住，祢始終存在於我內心的神聖內在空間。」

想關閉你創造的神聖光環，觀想、想像或假想它已溶入大地。如此可以滋養大地，並為你的工作提供養分，使其能為更大的善而顯化。

你已經完成了你的工作！為了從神聖空間轉移到較一般的活動（例如在夜晚開著大燈開車），花一些時間吃點東西、喝點水、換衣服或散步——選擇任何感覺合適的活動。做些小小的實驗，你會找到最適合你的轉移方式。

練習之後

現在，是讓一切平息的時候了。

在這個社群媒體主導的時代，我們經常覺得需要公開分享，從我們的午餐，到最新的情感細節！我們甚至可能覺得，除非某件事獲得一定數量的點讚或評論，否則它不具效力或重要性。我們必須明智地看待這些傾向，並意識到它們只是現代生活與科技的怪異之處；並非真實反映我們經驗價值的指標。

為了明智地應對這些關乎靈性智慧的現代考驗，我們可以選擇珍視私密的靈性生活片刻，給予它們所需的呼吸空間，遠離窺探的眼睛與他人的意見（即使那些意見是善意的）。

我們必須調整我們自己的內在智慧和力量；撥出時間為自己的神聖空間及過程建立健康的界限。如此，一切都會變得更強大及更有效益——當然，所有人都將因此受益！

Conclusion

Angelic Lightwork

結語

儘管本書已近尾聲，但你與天使的關係還是可以持續進展。你可能會想看看我的其他作品，它們能指引你，與充滿愛的靈性引導者及守護者——我每天都仰賴祂們作為我的神聖保護者——建立更為深入、更有意識的連結。

如果你想深入探索神聖召喚、白魔法和天使之光的療癒，你可能會想了解我的獨特線上培訓課程的第一個模組，稱為「薩拉斯瓦蒂療癒」。此一線上課程運用《水晶天使444》與《水晶曼陀羅神諭卡》（*Crystal Mandala Oracle*），透過深刻且強大的過程來支持你，協助你直接與天使連結並療癒自身。

如果你繼續學習此課程的三個模組，你將學會如何與他人分享天使的療癒頻率。這個課程也包含與其他美麗的靈性存有合作，包括來自不同靈性傳統的揚升大師和神聖女性女神（divine feminine goddess）。

與天使連結的方式有很多種，祝福你在這趟旅程中一切順遂。願你知曉內在的美麗、恩典、治癒與神聖魔法，並愉快地分享它，為所有人帶來靈性的益處。

連結天使之光——與天使一起工作，治癒身心、創造魔法、顯化奇蹟／阿蓮娜・菲雀爾德（Alana Fairchild）著；許可欣譯 . -- 初版 . -- 台北市：時報文化，2024.7；　面；　公分（人生顧問；530）
譯自：Angelic Lightwork: Magic & Manifestation with the Angels

ISBN 978-626-396-309-2（平裝）

1.CST: 天使　2.CST: 靈修

242.5　　113006911

Translated from Angelic Lightwork: Magic & Manifestation with the Angels

Author photo by Elizabeth Allnutt
Cover painting "Angel of the Wheat" by Annael (www.annael.com)
Published by Llewellyn Publications
Woodbury, MN 55125 USA
www.llewellyn.com

人生顧問 530

連結天使之光——與天使一起工作，治癒身心、創造魔法、顯化奇蹟
Angelic Lightwork: Magic & Manifestation with the Angels

作者　阿蓮娜・菲雀爾德 Alana Fairchild｜**譯者**　許可欣｜**主編**　陳盈華｜**行銷企劃**　石瑷寧｜**封面設計**　陳文德｜**董事長**　趙政岷｜**出版者**　時報文化出版企業股份有限公司／108019 台北市和平西路三段 240 號｜**發行專線**—(02)2306-6842｜**讀者服務專線**—0800-231-705 (02)2304-7103｜**讀者服務傳真**—(02)2304-6858｜**郵撥**—19344724 時報文化出版公司｜**信箱**—10899 台北華江橋郵局第 99 信箱｜**時報悅讀網**—www.readingtimes.com.tw｜**創造線** FB—www.facebook.com/fromZerotoHero22｜**法律顧問**　理律法律事務所　陳長文律師、李念祖律師｜**印刷**　勁達印刷有限公司｜**初版一刷**　2024 年 7 月 19 日｜**定價**　新台幣 430 元｜

時報文化出版公司成立於 1975 年，並於 1999 年股票上櫃公開發行，於 2008 年脫離中時集團非屬旺中，以「尊重智慧與創意的文化事業」為信念。

創造線
from zero to hero